WU CHANG

武昌历史文化丛书编委会／编

Huanghelou Cangsang

【武昌历史文化丛书】

黄鹤楼沧桑

姚伟钧　李明晨　著

武汉出版社
Wuhan Publishing House

（鄂）新登字 08 号

图书在版编目（CIP）数据

黄鹤楼沧桑 / 姚伟钧，李明晨著 . —武汉 : 武汉出版社，2019.3（2022.7 重印）

（武昌历史文化丛书）

ISBN 978-7-5582-1969-6

Ⅰ . ①黄… Ⅱ . ①姚… ②李… Ⅲ . ①黄鹤楼 - 介绍 Ⅳ . ① K928.74

中国版本图书馆 CIP 数据核字（2018）第 281612 号

著　　者：姚伟钧　李明晨

出 品 人：朱向梅

策划编辑：胡　新

责任编辑：胡　新

封面设计：马　波

出　　版：武汉出版社

社　　址：武汉市江岸区兴业路 136 号　　邮　　编：430014

电　　话：（027）85606403　　85600625

http://www.whcbs.com　E-mail: zbs@whcbs.com

印　　刷：湖北新华印务有限公司　　经　　销：新华书店

开　　本：787 mm×1092 mm　1/16

印　　张：16　　字　　数：200 千字

版　　次：2019 年 3 月第 1 版　　2022 年 7 月第 2 次印刷

定　　价：36.00 元

/序　一/ Preface

“求木之长者，必固其根本；欲流之远者，必浚其泉源。”一个城市的生命和灵魂，来自深厚的历史底蕴与坚实的文化内核；一个城市的品位和底气，离不开强大的文化自信与不竭的创新动力。挖掘历史资源、激活文化基因，事关精神命脉的传承，事关城市的永续发展。

有着近一千八百年建城史的武昌，历史悠久，文脉绵长。在这里，一座古城，风韵悠然，阔步前行，穿越千年沧桑；一处名楼，文人墨客，咸集诗赋，各领绝代风骚；一件大事，辛亥首义，敢为人先，改变中国历史；无数英豪，指点江山，前仆后继，浴血谱写辉煌。因为有了历史和文化的充分滋养，武昌始终生机勃勃、活力无限，为荆楚文化在中华文明总谱系中留下独特的基因和符号提供了丰富的给养。这片有着绚烂历史和强烈魅力的土地，一直等待着我们去发现、去感受、去领略、去彰显。

正因如此，我们有优势、有情怀，更有责任、有义务弘扬武昌的优秀历史文化，把武昌故事讲好，把武昌自信提升好，把武昌力量凝聚好。与其他展示武昌历史文化的论著不同，这套丛书全面系统梳理了多年散落在民间、口口相传的武昌老故事，通过精心的考证，深入挖掘其中蕴含的思想观念、人文精神和道德规范，并适应时代发展进行继承和创新，凸显出武昌发展的个性和魅力——从这个层面上讲，这套丛书的意义已经远远超出了文史资料的价值，它是武昌文脉的复现，为活化武昌文化遗产、树立武昌城市精神、提振市民精气神将作出独有的贡献。

丛书立足武昌历史根脉，突出武昌文化核心元素，在时间上自公元223年孙权建筑夏口城起至20世纪60年代，在空间上以武昌区现在的行政区划为主，分为“综合”“武昌人物”“武昌风物”“武昌景物”“武昌文物”和插画版“武昌指南”六个系列，将为武昌发展作出重大贡献的历史人物、影响历史进程的重大事件与武昌地域特色文化相结合，用群众喜闻乐见的语言讲历史故事、叙文化传统、说武昌古今。本书内容上具备理论高度、学术价值和思想深度，形式上明白晓畅、通俗易懂，能够激起读者情感共鸣，兼具历史性、时代性、知识性、可读性与权威性，可谓宣传推介武昌的集大成之作。

今天，武昌的经济体量已进入“千亿级”时代，站在新的起点，文化软实力正是提升我们综合竞争力和可持续发展能力的关键因素。习近平总书记说，“文化自信是一个国家、一个民族发展中更基本、更深沉、更持久的力量”，在建设创新型城区和国家中心城市核心区的征程上，我们更要“以古人之规矩，开自己之生面”，更要坚守中华文化立场，传承中华文化基因，展现中华审美风范。愿我们携起手来，共同努力，让传统文化与现实文化相融相通，让个体情感与集体情感同频共振，为新时代武昌的改革创新发展注入每一个人的家国情怀！

为策划、编纂和出版这套丛书，一大批专家学者以及许多市区老领导、政协委员都倾注了深厚的感情，为丛书的诞生奠定了坚实的基础，在此，由衷感谢他们为发展、延续武昌历史文化付出的巨大心血！

刘　洁

2018年12月

/序　二/
Preface

酝酿已久的《武昌历史文化丛书》终于要正式出版了，作为一个历史工作者和这套丛书的专家委员会主任，我感到由衷的高兴，十分乐意借写序的机会，同大家分享一下我的几点感想。

第一，为什么要出版《武昌历史文化丛书》？

武汉三镇之中，当属武昌的历史最为悠久，早在春秋战国时期，楚国就在这一地区设有封君夏侯。三国时期，孙权将东吴政治中心迁鄂（今鄂州市），寓“以武而昌”之意，改鄂名为“武昌”，这是武昌之名的由来。公元223年，孙权在江夏山（蛇山）筑夏口城，从而开启了武昌古城的历史，至今已近一千八百年。从元代设湖广行省起至清末，武昌一直是省级大区域行政中心。北伐战争后，改武昌县为武昌市。1927年，武汉三镇在行政区划上正式统一为一市。1949年武昌解放后，成为中共湖北省委、省人民政府所在地，在1952年调整区划后，正式成立武昌区人民政府。

千百年来，武昌因其独特的地理区位，始终处于社会变革的最前沿，承载着中华民族波澜壮阔的历史变迁，书写着气势磅礴的历史画卷。武昌人文底蕴深厚。屈子行吟，崔颢题诗，李白唱和……近代以来，张之洞督鄂，兴实业，办教育，练新军，新旧学堂并起，东西文化交融，风气大开，武昌由此奠定了全省文化中心的地位，诚如张之洞题黄鹤楼楹联中云：“昔贤整顿乾坤，缔造先从江汉起；今日交通文轨，登临不觉亚欧遥。”武昌自然风光秀丽。东湖、沙湖、紫阳湖等，妩媚多娇；洪山、蛇山、珞珈山等，玲珑别致；黄鹤楼、宝通寺、长春观等，景色优美。山灵水秀，人文荟萃，让武昌成为最适宜居住的城区。

武昌历史悠久、文化厚重、科教区位优势明显，是武汉的城市文化名片，而《武昌历史文化丛书》正是一套向世人充分展示武昌这座历史文化名城的独特魅力和风采的作品。

第二，如何编好《武昌历史文化丛书》？

武昌是武汉文脉沉淀之地，积累了丰厚的文化资源，如黄鹤楼文化、辛亥首义文化、名人文化等，此前也有若干零星介绍武昌历史文化的图书，而这套丛书则是第一次全面系统梳理千年古城的历史文化、系统挖掘武昌历史文化资源的重要工程。

本丛书在整体设计上分为六个系列，形式新颖，内容全面，体系完整，时间上从公元223年至1960年代；空间上以现有武昌区行政区划为主，必要时以历史上的大武昌概念为界定，将为武昌发展作出重大贡献的历史人物、影响历史进程的重大事件与武昌地域特色文化相结合，激活武昌文化基因，展现真实、立体、全面的武昌，集中呈现武昌深厚的文化底蕴。

在作者的选择上，着重选择了对武昌历史文化素有研究的专家学者；在内容上，利用新史料，体现研究新成果，集历史性、权威性、知识性、可读性于一体；在形式上，采取图文并茂的形式。

第三，编撰《武昌历史文化丛书》的意义何在？

习近平总书记在党的十九大报告中指出："文化兴国运兴，文化强民族强。没有高度的文化自信，没有文化的繁荣兴盛，就没有中华民族伟大复兴。"只有对自身文化有高度的自信，才可能带来武昌的繁荣兴盛。在新时代下，启动这套丛书的编撰，既体现了武昌区委、区政府的远见，也可谓正逢其时。

该丛书既是在新时代第一次全面、系统挖掘武昌历史文化资源的重要文化工程，也是响应市委、市政府建设"历史之城、当代之城、未来之城"号召的实践成果，更是加快建设现代化、国际化、生态化大武汉，全面复兴大武汉的具体举措，功在当代，利在千秋。

本丛书立足武昌，深入挖掘其中所蕴含的思想观念、人文精神、道德规范，并结合时代要求继承创新，突出展示武昌最具特色的核心文化元素，集中挖掘城区的文化根脉，讲好武昌故事，传承历史文化记忆，对于传承武昌区优秀的历史文化、提升居民文化自信、推进城区文化建设具有重大的现实意义，必然成为武汉市打造国家中心城市和世界亮点城市规划中绚丽的一环。

关于学习历史的意义，习近平总书记在中央党校建校 80 周年庆祝大会暨 2013 年春季学期开学典礼上讲道："学史可以看成败、鉴得失、知兴替。"从武昌悠久、丰厚的历史文脉当中，我们也一定可以看清她的成败、得失、兴替，从而以更加清醒的头脑和更为厚重的历史感，借改革开放四十年的东风，更好地了解武昌、建设武昌、发展武昌。

是为序。

马　敏

2018 年 12 月于武昌桂子山

/前　言/ Foreword

在秀山起伏、湖波荡漾的美丽江城，有一座如仙如画的千年古楼，她就是高居蛇山之巅的黄鹤楼。千百年来，白云环绕其上，滚滚长江东流而下。唐代诗人崔颢"昔人已乘黄鹤去，此地空余黄鹤楼"和李白"故人西辞黄鹤楼，烟花三月下扬州"的诗句，让黄鹤楼声名远播。自盛唐以来，黄鹤楼就吸引着无数文人骚客登楼吟颂，如崔颢、李白、宋之问、孟浩然、王昌龄、王维、白居易、刘禹锡、贾岛、杜牧、苏轼、黄庭坚、陆游、范成大、戴复古、王十朋、岳飞、辛弃疾、姜夔、方孝孺、王阳明、王世贞、张居正、袁宏道、洪亮吉、毕沅、姚鼐、赵翼、沈德潜、黄遵宪等。他们登楼后才情激荡、兴致勃发，留下了众多瑰丽的诗文。历代来自各地的文化名人及其所作诗文丰富着黄鹤楼的文化积淀，独特的文化内涵也为黄鹤楼赢得了"天下江山第一楼"的美誉。

黄鹤楼不见江南烟雨楼台的纤巧，但尽显灵秀飞动；不似北方殿宇的高大威严，却通体雄伟。这是一座记载千年风云变幻的楼阁，游客在与黄鹤楼的心神感悟之中仿佛时光倒流，从当下回到了群雄争霸的三国时期，穿越了中华文明的多个时段。

放眼亘古四海，一座楼阁，历经千年的雨雪风霜、电火雷鸣和兵荒马乱而屡毁屡建，不能不说是人间奇迹。千百年来，人们寄予黄鹤楼的情感愈来愈深厚，形成了一种难以言表的文化情结。那么，究竟是一种什么神奇的力量让黄鹤楼有如此穿透时空的生命力呢？是风光旖旎的迷人景致、超越世俗凡尘的动人传说，还是居山临江的险要位置？今天，我们就循着她的历史轨迹，去探索这座千年古楼的前世今生。

《黄鹤楼沧桑》，通过史话的形式为读者呈现一个真实的黄鹤楼，让读者全面了解黄鹤楼的身世，深层次地体验黄鹤楼深厚的文化内涵。既然是史话，就不同于介绍性的旅游宣传册，也不同于研究黄鹤楼的学术性著作，而是以黄鹤楼的历史为主线，阐述黄鹤楼的历史文化发展进程，展示黄鹤楼的文化魅力，让读者与黄鹤楼进行深层次的交流。黄鹤楼不仅是武汉的城市名片，还是武汉人民心目中的历史文化建筑坐标，更是我们中华民族的宝贵文化遗产。今天，文化旅游如火如荼地进行，如何在满足大众文化旅游需求的同时保护好我们的文化遗产，成为当下旅游界和文物界共同关注的问题。只有认识到文化遗产的珍贵价值和对人类文明传承的重要意义，人们才会自觉保护文化遗产。在这种时代背景下，解读黄鹤楼有着其十分重要的意义。

早在南朝，祖冲之、任昉和萧子显等就开始用跨鹤成仙的传说来解读黄鹤楼。自盛唐始，无数名人大家用诗文表达对黄鹤楼的感悟。特别是崔颢的《黄鹤楼》让“斗酒诗百篇”的“诗仙”李白都不敢下笔。不过，“江山代有才人出，各领风骚数百年”，李白以后有很多人“斗胆”题诗黄鹤楼。这也正是黄鹤楼文化的魅力之所在，我们也为这种魅力所倾倒，写了这本《黄鹤楼沧桑》。接受任务后，通过泡图书馆、跑博物馆、请教专家，搜集、查找各种关于黄鹤楼的资料，在黄鹤楼上和景区内细细体验和多次实地感悟，我们不断地完善深化对黄鹤楼历史文化的理解。

黄鹤楼阅尽了千年人间沧桑。历史上的黄鹤楼命运多舛，屡建屡毁，屡毁屡建。仅明清两代就被毁七次，重建和维修了十次，因而流传有“国运昌则楼运盛”之说。如今，黄鹤楼已成为武汉市的城市名片，黄鹤楼景区被评定为首批国家5A级景区。在文化旅游蓬勃发展的今天，黄鹤楼的文化内涵和旅游地位使她成为各地游客来武汉的必游景点。今天的黄鹤楼可谓是沧海变桑田，正如毛泽东所说："天若有情天亦老，人间正道是沧桑。"有鉴于此，本书取名为《黄鹤楼沧桑》，意指千年以来黄鹤楼发生了巨大的变化，而且是越变越好。

黄鹤楼的历史表明，它的文化是持续发展着的。尽管我们做了很大的努力，但囿于学识与能力，我们也不可能完全解读好黄鹤楼的历史文化，不足之处恳请读者方家批评指正。

但愿我们的工作能为黄鹤楼的发展有所贡献，对读者深层次地理解黄鹤楼有所帮助。

目　录 / Contents

第一章
黄鹤楼的由来

黄鹤楼的修筑源于夏口城“得之则存，失之则亡”的战略位置。夏口城位于长江和汉水交汇之处，倚山控水，自古便是咽喉要冲之地，具有重要的战略价值，被称为“自古必争形胜地”。每逢烽烟四起、群雄逐鹿的时期，这里就成为各种势力争夺的焦点。

一、夏口城角建鹤楼

东汉末年，天下大乱，各路诸侯你征我伐，为了实现一统华夏的雄伟抱负，纷纷抢占战略要地。赤壁大战后，统一了北方的曹操、占据江东的孙权和控制“天府之国”的刘备各自占据了湖北的一部分。宋代诗人张俞在他的《楚中作》中写道：

> 广泽侵吴壤，孤城接郢丘。山分三楚断，溪入九江流。寂寞休兵月，纷纭战国秋。吴生来赤壁，魏武定荆州。六代凭形势，群雄死寇仇。

诗中的“吴生”指的是孙权，“魏武”指的是曹操。曹操“挟天子以令诸侯”，宣称自己是在帮助汉献帝匡扶汉室，始终没有称帝，其子曹丕称帝后，追谥曹操为“武皇帝”，后人便以“魏武”代指曹操。

图 1-1　孙权画像

赤壁之战后，孙权把鄂县（今鄂州市）改名为武昌，作为国都和陪都，前后达四十五年之久，与国都建业（今南京市）并称“西都”和“东都”。“武昌”寓意吴国凭借强大的武力统一天下，让天下太平昌盛。

今天的武昌在汉代叫作沙羡。汉高祖刘邦在他称帝后的第六年（前201）在这里设置了沙羡县，县城就设在今天的武昌金口一带，隶属于当时的江夏郡。处于战略要冲位置的沙羡成为各方争夺的战略要地。为了控制这个战略要地，孙权便在江夏山的近江处修筑城防。江夏山也称黄鹄山，即今天的蛇山。城防方圆二三里之广，城的对面是夏水入江口，因而命名夏口城。夏水就是今天的汉江，古代把沔阳（今仙桃市）以下的汉江称为夏水。《三国志・吴书・吴主传》载：“吴黄武二年，城江夏山。”记载了孙权修筑夏口城的史实。“黄武”是东吴的君主孙权

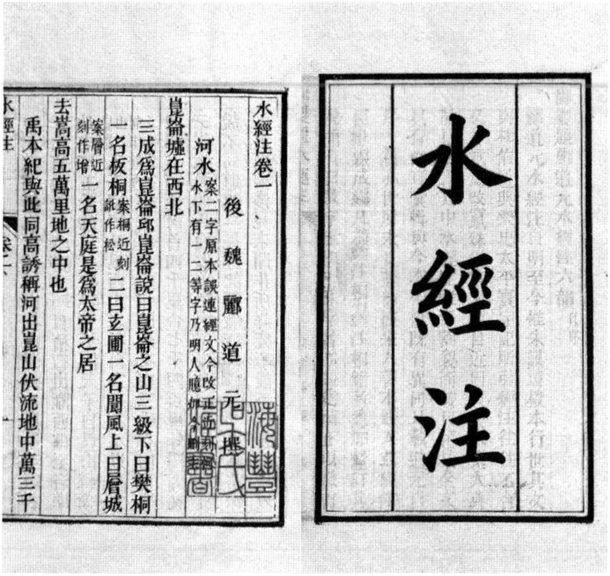
水經注

水經注卷一　後魏酈道元撰

河水

崑崙墟在西北

三成爲崑崙邱崑崙說曰崑崙之山三級下曰樊桐一名板桐案桐近刻訛作松二曰玄圃一名閬風上曰層城案層近刻訛作增一名天庭是爲太帝之居

去嵩高五萬里地之中也

禹本紀與此同高誘稱河出崑山伏流地中萬三千

图 1-2 《水经注》书影

采用的第一个年号，从公元 222 年到公元 229 年，前后沿用了八年，吴黄武二年即公元 223 年。

关于夏口城的险要地势和军事地位，在一些史籍中有生动翔实的描述。

北魏著名的地理学家郦道元以考察研究当时的河流水道为己任。他四处野外考察，把自己的水文考察研究成果写成了传世著作《水经注》。他在该书中对当时夏口城的险要形势做了如下描述：

> 依山傍江，开势明远，凭墉藉阻，高观枕流，上则游目流川，下则激浪崎岖，实舟人之所艰也。

也就是说夏口城上据险山，下俯大江，视野阔远，水急浪猛，易守难攻。唐代李吉甫在《元和郡县图志·江南道三·鄂岳观察使》中记载了魏明帝曹睿与司马懿关于夏口城地位的问答。

> 魏明帝问司马懿曰："二虏宜讨，何者为先？"对曰："吴以中国不习水战，故敢散居东关。凡攻敌，必扼其喉而舂其心。夏口、东关，敌之心喉，若以陆军向皖，引权东下，为水军向夏口，乘其虚而击之，此神兵从天而坠矣。"

司马懿认为，魏、蜀、吴三分天下，魏国要想一统天下，首先要讨伐的是吴国。魏国将士不懂水战，所以吴国敢占据东关。夏口与东关是吴国的咽喉和心脏，夺取夏口是魏国统一天下的关键。

萧子显的《南齐书·州郡志》道："夏口城据黄鹄矶，世传仙人子安乘黄鹄过此上也。边江峻险，楼橹高危，瞰临沔、汉，应接司部，宋孝武置州于此，以分荆楚之势。"表明夏口城在南朝时仍然是山险城高的战略要地。

这种战略地位一直延续到了清代。清代地理沿革学家顾祖禹在《读史方舆纪要》中指出："武昌者，东南得之而存，失之而亡者也。"顾祖禹认为武昌为东南之咽喉，是称霸天下的根基。清乾隆年间湖广总督、著名学者毕沅在《黄鹤楼铭并序》一文中描述了夏口城所在的黄鹄山的险要形势："而江夏黄鹄山当其冲。江环其三面，再折而后东，故地形称险焉。"意为黄鹄山是天下的要冲，三面临江，地形十分险要。

图 1-3 毕沅画像

以上文献证实夏口自古就是兵家必争的形胜要地，也是水陆交通的咽喉要道。古代的交通以水陆为主，夏口位于长江和汉水交汇之处，所以无论是来自南北还是东西，都必须由此经过。在以马和船为主要交通工具的冷兵器时代，控制了夏口也就等于控制了战略制高点。夏口的地势险要，易守难攻，上据险要的高山，下临激流的大江，居高临下，来敌只能乘船到山脚下，要想攻克山上的城池实非易事。所以，孙权称帝后首要的大事就是修筑夏口城。

秦汉时期，修筑城池形成了在城角的城墙上建角楼的惯制，用于登高远望，瞭望敌情。依照这种筑城惯制，孙权修筑夏口城时，在城西南角的黄鹄矶上修建了一座角楼，命名为黄鹤楼。李吉甫的《元和郡县图志》记载了这一史实。

> 吴黄武二年，城江夏，以安屯戍地也。城西临大江，西南角因矶为楼，名黄鹤楼。

其中的“矶”指的是黄鹄矶。矶，指水边突出的岩石或石滩。黄鹄矶是长江边上突出的岩石，位于黄鹄山上。毕沅的《黄鹤楼铭并序》进一步描写了黄鹄矶的险要。

> 县因山为城，山之西有矶，起于江中，石立如植。激水逆行恒数里，于形尤为险。

黄鹄矶是夏口城的最为险要之处，其上的黄鹤楼就有着重要的军事地位。如果从始建的年代，即吴黄武二年算起，黄鹤楼距今已有近一千八百年的历史。黄鹤楼建在尤为险要的黄鹄矶上，是一座用于军事瞭望和指挥作战的军事角楼。由此可见，黄鹤楼是三国时期吴与魏、蜀争霸天下的产物。

二、黄鹤楼名缘何处

丰富而确凿的史料证实了黄鹤楼起源的时间和地点，因此在这个问题上没有太大的争议。但是，孙权修建的这座军事角楼为什么叫作黄鹤楼呢？要弄清这个问题就没那么简单了。千百年来人们对此各抒己见，说法纷纭，可以说是“仁者见仁，智者见智”。综观各种说法，主要分为两种：“因山说”和“因仙说”。持这两种观点的人们在黄鹤楼的名字来源问题上相争不下。前者是从黄鹤楼的现实环境出发，后者依据的是人们对黄鹤楼的心理寄托。双方引经据典，穷尽考证，各具其词，互不相让，有时甚至是针锋相对，口诛笔伐。

❶ 因山说

“因山说”依据的是李吉甫在《元和郡县图志》中关于黄鹤楼的记载。那么建在黄鹄矶上的楼为什么叫作黄鹤楼呢？这还得从鹄与鹤的关系说起。

在中国古代，人们把天鹅叫作鹄。据考，天鹅一词最早出现在李商隐的五言古诗《镜槛》中。

镜槛芙蓉入，香台翡翠过。拨弦惊火凤，交扇拂天鹅。

被鲁迅先生誉为“史家之绝唱，无韵之离骚”的《史记》中也有一则齐国的淳于髡向楚王献黄鹄的故事。

昔者，齐王使淳于髡献鹄于楚。出邑门，道飞其鹄，徒揭空笼，造诈成辞，往见楚王曰：“齐王使臣来献鹄，过于水上，不忍鹄之渴，出而饮之，去我飞亡。吾欲刺腹绞颈而死，恐人之议吾王以鸟兽之故令士自伤杀也。鹄，毛物，多相类者，吾欲买而代之，是不信而欺吾王也。欲赴佗国奔亡，痛吾两主使不通。故来服过，叩头受罪大王。”楚王曰：“善，齐王有信士若此哉！”厚赐之，财倍鹄在也。

齐王派淳于髡进献一只鹄给楚王，可是在去楚国的途中那只鹄飞走了，淳于髡只好托着空笼子，编造了一段假话去见楚王。淳于髡见到楚王后说，齐王派我来给您进献一只鹄，我从水上经过时，不忍心看到这只鹄口渴难忍，就把它放出笼子喝水，没想到它却离开我飞走了。我想要用刀子捅破肚皮或者上吊自杀，又担心别人耻笑大王因为鸟兽的缘故而致使士人自杀。鹄是鸟类，相似的很多，我想买一只相似的来代替，但是这种举动既不诚实，又欺骗了大王。我想要逃到别的国家去，又痛心齐、楚两国互派使节的友好关系因为我而断绝，所以前来向大王请罪。楚王说，齐王竟有这样忠心耿耿又守诚信的人，真是太好了！不但没有惩罚他，还赏赐了他丰厚的财物，且财物比要进献鹄的价钱多一倍。淳于髡了解楚王的喜好，能言善辩，丢失黄鹄不仅没受到惩罚，还出色地完成了使命。这则故事也说明鹄在战国时期是贵重的礼品，用于国君之间的礼尚往来。

鹄是天鹅，黄鹄应该就是黄色的天鹅。但自然界中的天鹅是白色的，洁白的天鹅成为纯洁与圣洁的象征，因此天鹅叫作白鹄才合乎实际。天鹅的嘴基部分是黄色的，但不能因此就叫作黄鹄。据此来看，黄鹄应该是一种不同寻常的鸟。

《西京杂记》中记载了汉昭帝刘弗陵八岁时写的《黄鹄歌》：“始元元年，黄鹄下太液池，帝为此歌。”始元是汉昭帝刘弗陵的年号，始元元年即公元前 86 年。汉代太液池在建章宫之北、未央宫的西南，因其水面宽广而得名。太液，形容池水漫漫。

《黄鹄歌》中有“黄鹄飞兮下建章，羽肃肃兮行跄跄，金为衣兮菊

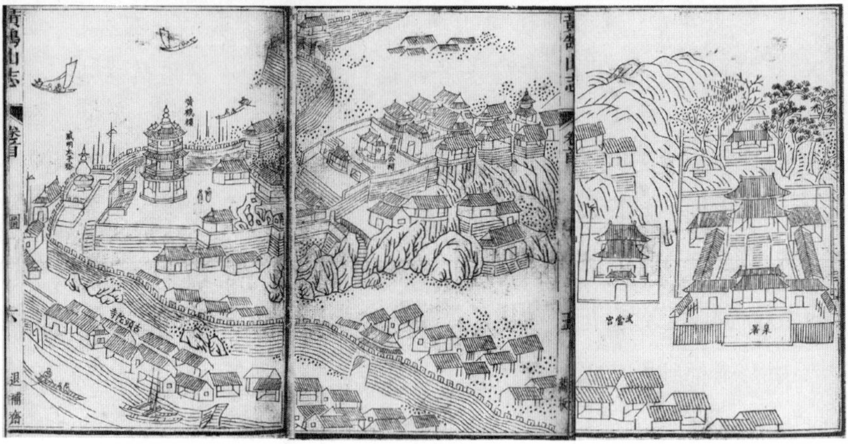

图 1-4 《黄鹄山志》中绘制的蛇山全图（局部）

为裳”句，歌中的黄鹄充满了神秘的色彩。唐代诗人贾岛据此写下了一首五言绝句《黄鹄下太液池》：

高飞空外鹄，下向禁中池。岸印行踪浅，波摇立影危。来从千里岛，舞拂万年枝。踉跄孤风起，裴回水沫移。幽音清露滴，野性白云随。太液无弹射，灵禽翅不垂。

贾岛诗中的黄鹄已成为灵异之鸟。在《商君书·画策》中，黄鹄更是不同寻常。“黄鹄之飞，一举千里。”黄鹄一飞就是几千里。这说明在古代，黄鹄是充满了神话色彩的飞鸟。

既然黄鹄是一种具有神秘色彩的灵异之鸟，那么夏口城西南角的石矶名为黄鹄矶又是什么原因呢？孙权修筑夏口城的江夏山就是今天的蛇山。蛇山在古代有多个名字。三国时期，蛇山称江夏山，又名紫竹岭；北魏时称黄鹤山；宋朝称石城山；元朝时称长寿山；明朝时被誉为金华山和灵山。由于该山上的岩石呈赤黄色，远望去整座山就像

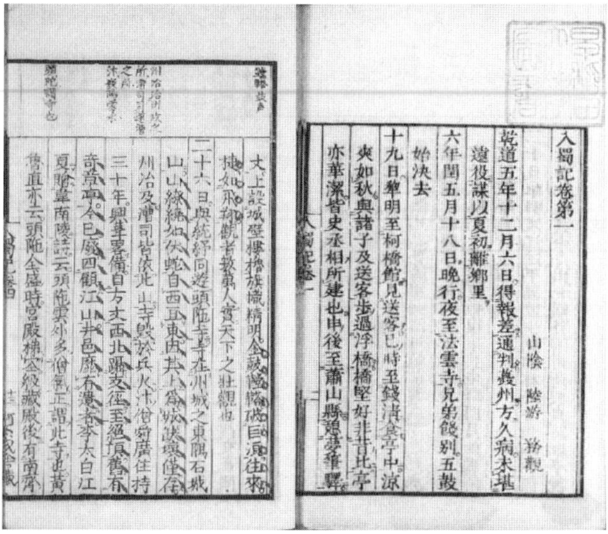
入蜀記卷第一
山陰 陸游 務觀
乾道五年十二月六日得報差通判夔州方久病未堪
遠役謀以夏初離鄉里
六年閏五月十八日晚行夜至法雲寺兄弟餞別五鼓
始決去
十九日黎明至柯橋館見送客巳時至錢清食亭中涼
爽如秋與諸子及送客步過浮橋橋堅好非昔比亭
亦華潔皆史丞相所建也申後至蕭山縣憩夢筆驛

图 1-5 陆游撰《入蜀记》书影

一只站立的黄色天鹅，所以人们又把它称为黄鹄山，黄鹄矶因黄鹄山而得名。清人胡凤丹编纂的《黄鹄山志》写的就是蛇山，是研究蛇山周围历史状况的重要资料。

蛇山这个名字始见于南宋诗人陆游的《入蜀记》，“寺在州城之西隅石城山。山缭绕如伏蛇”，因此后世很多人把它叫作蛇山。清乾隆年间修订的《江夏县志》中已有蛇山之名。1909 年，《湖北省城内外街道总图》中正式把这座山标示为蛇山。

黄鹤楼就建在黄鹄矶上，按照李吉甫“因矶得名”的说法，建在黄鹄矶上的楼应该叫黄鹄楼才对，为何又叫黄鹤楼呢？这源于中国古代“鹄”与“鹤”二字间的关系。在中国古代，鹄与鹤二字的读音相通，相互转化，鹤可以读成鹄，鹄也可以读成鹤。所以，黄鹄可以说成黄鹤，黄鹄矶也可以说成黄鹤矶。黄鹤楼这个名字就是根据黄鹤矶而来的，因而在历史上有人把黄鹤楼称为黄鹄楼。唐朝诗人顾况在《黄鹄楼歌送独孤助》一诗中就把黄鹤楼写成黄鹄楼。

故人西去黄鹄楼，西江之水上天流，黄鹄杳杳江悠悠。黄鹄徘徊故人别，离壶酒尽清丝绝。绿屿没余烟，白沙连晓月。

诗中的“黄鹄楼”就是黄鹤楼。这首诗与李白的《黄鹤楼送孟浩然之广陵》中的“故人西辞黄鹤楼，烟花三月下扬州”表达的是同一意思，都是在黄鹤楼送别故友，只是对黄鹤楼的称谓有所不同。

明清时期，黄鹄矶又被称为黄鹤矶。“吴中四杰”之一、明初才子高启就把黄鹄矶称为黄鹤矶。高启《题武昌魏孝廉槃所藏画》曰：“欲吹短笛相寻去，黄鹤矶头好待予”，黄鹤矶头其实就是黄鹄矶头。清代沿用明代的说法，通常把黄鹄矶称作黄鹤矶。诗人钱澄之在《登黄鹤楼即事》中写道：“黄鹤矶头四望开，登临千古客心哀。”词人吴琦在《黄鹤楼》中写道：“黄鹤矶头有所思，槛前帆带夕阳迟。”两首诗中的黄鹤矶都是指黄鹄矶。

清代吴省钦在《书黄鹤楼壁》中对“鹄”“鹤”二字的关系作了详尽的说明。鹄和鹤都是水鸟，鹄因飞得高入云天而被称为天鹅；鹄的颜色是鹅黄色，因此又叫作黄鹄。鹤，白苍色，陆玑在解释元顾的《本草》时最早提及黄鹤。“鹄”读 hú，是鹤音的变转，后人多用鹤音，尤其是在清代。吴省钦通过考证《埤雅》《吴良传》《法书要录》《汉书》《庚桑楚》等文献，证实了自己的论断。根据他对“鹄”“鹤”二字的考证，论述了黄鹤楼是因山得名，为黄鹄矶是黄鹤楼因山得名的说法提供了确凿证据。

也有人把黄鹄山称作黄鹤山。民国期间文士员编纂的《武昌要览》

云："黄鹄山，起城东而达西隅，黄鹤楼枕焉。山旧名紫竹岭，以有黄鹤腾紫竹间，故名黄鹤。鹄转音为鹤，故又名黄鹤山……""黄鹤楼在汉阳门内黄鹄山头，因山得名，号为天下绝景。"

上述材料中黄鹄山这个名字来源于黄鹄腾飞于紫竹林中，鹄又读作鹤，所以该山又叫黄鹤山。黄鹤楼位于黄鹄山临近长江的尽头，黄鹤楼的名字源于黄鹄山。

对于"鹄"字，现代辞书也有类似的解释。"鹄"有 hú、gǔ、hè 三种读音，读 hú，意为水鸟，形状像鹅，体较鹅大，鸣声洪亮，善飞，吃植物、昆虫等，亦称"天鹅"。鹄读 hè，同"鹤"。

从众多的古今文献中来看，鹄、鹤二字读音相通的历史由来已久，并已被世人接受。吴省钦认为这种现象是在文献中以讹传讹造成的，但这种读法和解释经过长时间的传承，已为人们普遍接受。如果要纠正这种读法，反而会引起人们的怀疑和驳斥。这也是一千多年来黄鹤楼的名字"因山说"和"因仙说"争论不下的原因之所在。

❷ 因仙说

"因仙说"依据的是黄鹤楼仙人骑鹤的传说。最早记述黄鹤楼神仙传说的是南朝宋、齐之间的祖冲之，除了是数学家外，他还是一名文学家。他写了一部志怪小说《述异记》，令人扼腕叹息的是这部小说已经失传，只能从后人转引的内容中略窥一二。《述异记》记载了荀瑰在黄鹤楼上小憩时，一位骑着仙鹤的神仙从天而降。荀瑰与神仙在楼上交谈，随后，荀瑰也骑着

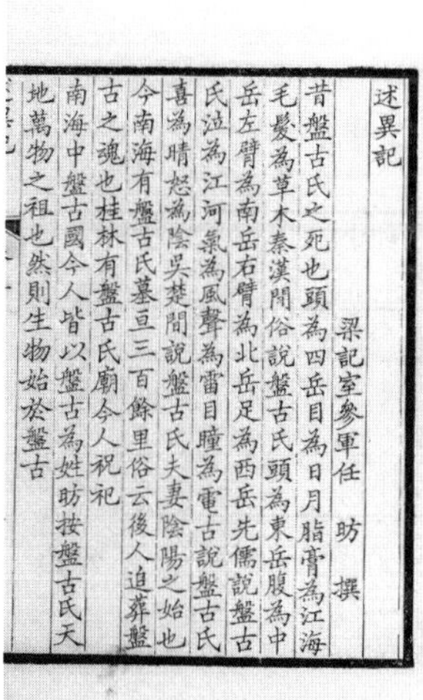
述異記
梁記室參軍任 昉 撰
昔盤古氏之死也頭為四岳目為日月脂膏為江海
毛髮為草木秦漢間俗說盤古氏頭為東岳腹為中
岳左臂為南岳右臂為北岳足為西岳先儒說盤古
氏泣為江河氣為風聲為雷目瞳為電古說盤古氏
喜為晴怒為陰吳楚間說盤古氏夫妻陰陽之始也
今南海有盤古氏墓亘三百餘里俗云後人追葬盤
古之魂也桂林有盤古氏廟今人祝祀
南海中盤古國今人皆以盤古為姓昉按盤古氏天
地萬物之祖也然則生物始於盤古

图 1-6 任昉撰《述异记》书影

仙鹤，同那位神仙一起离去。

> 荀瑰憩江夏黄鹤楼上，望西南有物，飘然降自云汉，乃驾鹤之宾也。宾主欢对辞去，跨鹤腾空，眇然烟灭。

至于他们谈话的内容，已无法知晓，书中亦无记述。

南北朝时期梁朝的任昉也写了一部同名小说《述异记》。在任昉的《述异记》中，也记载了荀瑰在黄鹤楼上驾鹤升仙的传说。

> 荀瑰字叔伟，潜栖却粒，尝东游，憩江夏黄鹤楼上。望西南有物，飘然降自霄汉，俄顷已至，乃驾鹤之宾也。鹤止户侧，仙者就席，羽衣虹裳，宾主欢对。已而辞去，跨鹤腾空，渺然而灭。

相较而言，任昉的记载比祖冲之的要详细一些，文中的荀瑰有了字号，更像是一位真实的历史人物。在古代中国，人的名字由三部分组成，姓、名和字，有些人还有别号。在出生三个月后，父母要给孩子取名，一般为一个字。名只用于成年之前，在举行了加冠礼后要在名之外加字，字是用来阐释名的。如曹操曹孟德，其中操是名，孟德是字，意思是曹操具有以德为先的操守。所以《三国演义》上讲，曹操，名操，字孟德。在任昉的笔下，传说内容进一步丰富，已变成荀瑰在黄鹤楼上游玩，神仙骑着仙鹤落在黄鹤楼的门户旁，穿着白色上衣和五彩交织的衣裙的神仙在荀瑰的邀请下一起宴饮，席间荀瑰与神仙相谈甚欢。

第一部记述黄鹤楼神仙传说的正史是南朝萧子显的《南齐书》。《南齐书·志第七》载："夏口城据黄鹄矶，世传仙人子安乘黄鹄过此上也。"

地理古籍《图经》，则把费祎在黄鹤楼上驾鹤成仙的传说演义成黄鹤楼名字的缘起。“昔费祎登仙，尝驾鹤返，憩于此，遂以名楼。”意思是，从前费祎在这里成为神仙后，曾经骑着鹤又返还到楼上休息小憩，这座楼因此被命名为黄鹤楼。《图经》把费祎在黄鹤楼上登仙的传说演义成费祎登仙后又骑鹤来到这里休憩。这成为持“因仙说”一方的依据。唐代阎伯瑾的《黄鹤楼记》引述了《图经》的这种说法。

> 《图经》云：“费祎登仙，尝驾黄鹤返，憩于此，遂以名楼。”事列《神仙》之传，迹存《述异》之志。

阎伯瑾在文中指出黄鹤楼的名字源于费祎在这里登仙后又骑鹤来到这里休憩，他引经据典地指出这种说法在《图经》《神仙传》和《述异记》中都有记载。

在祖冲之和任昉的记载中，黄鹤楼上成仙的是荀瑰。与他们年代相隔不久的萧子显在他的《南齐书》中把荀瑰改成子安。荀瑰是真实的历史人物还是虚构的文学人物已无从考证，但无论从史料还是历代有关黄鹤楼的诗文中，都找不到证明他是历史人物的证据。仙人子安是萧子显引用的古代传说中的人物。与子安、荀瑰不同的是，费祎是一位真实的历史人物，他是三国时期蜀国的一位重要文臣。

> 费祎字文伟，江夏鄳人也。少孤，依族父伯仁。伯仁姑，益州牧刘璋之母也。璋遣使迎仁，仁将祎游学入蜀。会先主定蜀，祎遂留益土，与汝南许叔龙、南郡董允齐名。时许靖丧子，允与祎欲共会其葬所。允白父和请车，和遣开后鹿车给之。允有难载之色，祎便从前先上。及至丧所，诸葛亮及诸贵人悉集，车乘甚鲜，允犹神色未泰，而祎晏然自若。持车人还，和问之，知其如此，乃谓允曰：“吾

常疑汝于文伟优劣未别也。而今而后，吾意了矣。”

先主立太子，祎与允俱为舍人，迁庶子。后主践位，为黄门侍郎。丞相亮南征还，群僚于数十里逢迎，年位多在祎右，而亮特命祎同载，由是众人莫不易观。亮以初从南归，以祎为昭信校尉使吴。孙权性既滑稽，嘲啁无方，诸葛恪、羊衜等才博果辩，论难锋至，祎辞顺义笃，据理以答，终不能屈。权甚器之，谓祎曰：“君天下淑德，必当股肱蜀朝，恐不能数来也。”还，迁为侍中。亮北住汉中，请祎为参军。以奉使称旨，频烦至吴。建兴八年，转为中护军，后又为司马。值军师魏延与长史杨仪相憎恶。每至并坐争论，延或举刃拟仪，仪泣涕横集。祎常入其坐间，谏喻分别，终亮之世。各尽延、仪之用者，祎匡救之力也。亮卒，祎为后军师。顷之，代蒋琬为尚书令。琬自汉中还涪，祎迁大将军，录尚书事。

延熙七年，魏军次于兴势，假祎节，率众往御之。……其推任如此。后十四年夏，还成都，成都望气者云都邑无宰相位，故冬复北屯汉寿。延熙十五年，命祎开府。十六年岁首大会，魏降人郭循在坐。祎欢饮沉醉，为循手刃所害，谥曰敬侯。

——陈寿《三国志·费祎传》

从《三国志》等史书记载来看，在蜀国封侯的费祎与黄鹤楼并没有什么关系。黄鹤楼属于吴地，费祎是蜀国重臣，当时的黄鹤楼还是军事重地，因此费祎是不可能登上黄鹤楼的。《图经》中那段描述应该不属于史料，民间传说中黄鹤楼上骑鹤飞仙的是荀瑰，因此费祎在黄鹤楼上升仙的故事很可能是杜撰的。

宋代的乐史认为黄鹤楼的名字源于费祎驾黄鹤飞仙的传说，只不过把传说中费祎曾经骑鹤返回这里休憩的说法变为骑着黄鹤经常来这里休憩。

> 黄鹤楼在县西二百八十步。昔者费祎登仙，每乘黄鹤于此憩驾，故号为黄鹤楼。
>
> ——乐史《太平寰宇记》

三、民间传说到如今

“因仙说”依据的是仙人在黄鹤楼上驾鹤登仙的民间传说。尽管“因仙说”所依据的传说版本不同、驾鹤成仙的人物不一，但都是在黄鹤楼上驾鹤成仙的。黄鹤楼的名字是来自仙人所骑的黄鹤。“因仙说”的说法自流传开来就受到了一些人的质疑，特别是持“因山说”论者们的批评，主张格物致知的南宋理学大师张栻措辞严厉地把“因仙说”斥责为“妄说”。

> 予过武昌，登郡城南楼，步黄鹤故址，览观山川，慨然有感。盖黄鹤名楼，以山得名也。黄鹤之山，逶迤起伏，横亘郡城，属于江浒，见于前人文字间。若浦若矶，亦皆以山名也。而唐《图经》何自而为怪说，谓费文伟仙去，驾鹤来憩于此？阎伯理（瑾）《记》中乃实其事。而或者又引梁任昉所《记》，谓“驾鹤之宾乃荀叔伟，所遇非文伟也”。此因黄鹤之名，而世之喜事者妄为之说。后来者既不之察，又从而并缘增饰之。楼旁有石照亭，不知何妄男子题诗窗间，遽相传曰：“此唐仙人吕洞宾所书也。”文人才士，又为之夸大其事。而苏子瞻亦载冯当世之说，

有羽衣着屐之诗。嗟乎！宁有是理哉？甚矣，世俗之好怪也！虽缙绅大夫之贤者，有不免焉。此无他，不明理之故也。使其知始终消息之故，有无虚实，皆究其所以然，则岂得而惑之哉！而世之惑者往往曰："天地之间，其何所不有！是或有之，未可知也。"为是说者，其病不可复药。盖既置之茫昧恍惚、或有或无之域，则不复致思以穷其有无之实，其惑终身而已矣！予尝爱汉儒之言，曰："明于天地之性者；不可惑以神怪；知万物之情者，不可罔以非类。"斯言必有所授，非汉之儒者所能自言也。嗟乎，异端之惑人，盖有盛烈于斯类者！斯固不足深辨。予独有感，以警吾党之士，庶几知穷理之为要，而穷理则有道，盖不可以不讲也。

——张栻《南轩集·黄鹤楼说》

张栻认为，黄鹤楼这座文化名楼是因山得名的，唐代的《图经》中说黄鹤楼源于费祎成仙后驾鹤来此休息是奇谈怪论，一些好事之人也随口附和黄鹤楼是因为黄鹤而得名，是因为唐代以后的一些人不研究考察，又添枝加叶地加以附会，连苏轼等文人也不明事理地夸大其事。张栻考察事物缘由的态度是值得提倡的，但是他把"因仙说"斥责为奇谈怪论，把主张"因仙说"者归为牵强附会的好事者甚至是不可救药的，不免有些过激。按照张栻的逻辑，让黄鹤楼声名远播的崔颢也是好事者，他的"昔人已乘黄鹤去，此地空余黄鹤楼"的诗句也成了奇谈怪论。他之所以认为这种说法难以理解，是因为不了解民间传说背后有着深刻的社会缘由。

民间传说是民众心理深度层面信仰的一种口头表达方式。民间传说不同于神话，既源于先民时期的万物有灵观，又源于该历史时期中的社会现实，是下层民众在特定的社会历史环境下无法实现的理想的寄托。

图 1-7 张栻画像

传说内容包括与强大的邪恶势力斗争、孝道、忠厚善良、忠贞爱情、族群祖先艰苦创业等，以爱情、生命力和真善美等人类永恒的主题为母题，是民众自然观、社会观和历史观的传说化反映。人类自原初以来一直处于与自然、社会的矛盾关系之中。人类正是在处理这种矛盾关系中探索发展，矛盾关系的样态在很大程度上决定人类生存和发展的空间与质量。人是有主动性创造意识的，试图以某种合理的方式来阐释人与自然、社会和自身历史关系中的种种现象。在现实手法无法满足需要时，人们只能借助虚幻的方式。人们渴望突破这种矛盾关系的束缚，但人在强大的自然面前是十分渺小的，也不可能改变社会和历史发展的轨迹。在这种备受压抑的情境下，人类渴望有一种超人的神以强大无比的力量来帮助他们摆脱这种困境，所以民间传说在创作手法上有物的人化、人的神化、物的神化等。传说的结局，无论是悲壮还是圆满，多为正义战胜邪恶、弱小战胜强大。民众在现实世界无法排遣的郁愤可以在民间传说的虚拟世界中得以疏泄，在现实中无法实现的梦想也可以在传说中实现。民间传说具有伦理教化、民族认同、理想寄托、激人奋进、传承历史等功能，所以民间传说有时候尽管内容荒诞不经，却有着强大的生命力。

民间信仰与宗教特别是道教结合，使民间传说蒙上了神仙色彩，很多世间的凡人因受民间的喜爱而羽化登仙，如关羽、秦琼、钟馗等。神仙悠游于天地间，逍遥自在，他们大多摆脱了尘世爱恨情仇的烦忧，也脱离了人世间的种种痛苦和社会束缚，人一旦成为神仙就会长生不老，生活快乐无忧。羽化登仙是多灾多难、备受压迫的中国下层民众长时段处于社会底层，渴望摆脱束缚的内心反映，也是人摆脱束缚、向往自由本性的口头化反映。由于是人内在本性的反映，神仙化的民间传说受众多、经历时间久、生命力强。无论在民间信仰体系中还是宗教谱系中，神仙与凡人生活在不同世界中，神仙的生活世界是凡人渴望的理想境界。琼台瑶池、奇花异草、灵泉甘露、云缠雾绕，是一方“此景只应天上有”的乐土，但凡人间的地方与神仙有了某种关系，便赋予其神秘的色彩，其地位会远高于其他地方。所以中国的风景名胜地大多有不止一个与神仙有关的民间传说，诚如刘禹锡所言“山不在高，有仙则名。水不在深，有龙则灵”。不只是风景名胜地，一些重要的山川关隘、宫苑楼堞都会以命名和衍生故事的方式赋予其神话色彩，以彰显其重要的地位。

黄鹤楼作为霸业肇始之基的夏口城上的军事望楼，其地位的重要性是不言而喻的。吴国在修筑这座楼时，从统治者到普通民众都会予以厚重的期望，希望它能坚守夏口，佑护江山。黄鹤楼是以命名的方式赋予其神话色彩的。那么黄鹤楼的名字与神仙有什么关系呢？这得从传说中作为神仙坐骑的鹤这种与众不同的飞鸟来入手分析。

四、黄鹤仙化黄鹤楼

在中国文化中，鹤长时期与神仙联系在一起，所以它又被称为仙鹤。鹤有很多种类，但是迄今为止还没有黄色的鹤。黄鹤是中国文化创造的一种神异之鸟，这也许是黄鹤楼名“因仙说”产生，并流传至今的文化原因。

鹤是一种鸟类，论勇猛不比鹰隼，论力量不如大雕，论飞行高度不胜天鹅，那么为什么鹤会成为神仙的坐骑呢？其原因在于鹤在中国文化中与神仙有相似之处。

鹤，属于涉禽类，喙细尖长，通体白色，高三四尺，行走飘逸洒脱，展翅飞而冲天，且通人性。鹤的鸣叫不同凡禽，《诗经》有“鹤鸣九皋，声闻于天”的描述。鹤的栖息之所多为远离人世尘嚣的密林幽谷和水边泽地，崇尚自然本性、仙风道骨的隐逸之士也往往选择这类清静之地修养身性，他们爱鹤并以身比鹤。写下“疏影横斜水清浅，暗香浮动月黄昏”千古咏梅绝唱的宋代隐士林逋终身不娶，以鹤梅为伴，人谓“梅妻鹤子”。

鹤，捕食讲究，食山溪中鱼虾，饮谷中幽泉，可谓不食人间烟火，

图 1-8 宋徽宗赵佶绘《瑞鹤图》

这与神仙饮食要求一致。鹤是鸟类中寿命较长的长寿鸟。《淮南子·说林训》载："鹤寿千岁以极其游，蜉蝣朝生暮死而尽其乐。"鹤作为长寿的象征，成为道教中神仙长生不老的对应物。传说鹤与其他鸟类的卵生迥异，是影生、声交而孕，胎生。鹤能翩翩于仙凡之间，不受任何拘束，富有神话色彩。这与逍遥地悠游于天上人间的神仙相似。鹤的文化意象成了渴望修炼成仙的隐士、道士理想的寄托，他们希冀借助鹤的力量羽化登仙。在这种文化情境下，鹤与神仙被融为一体，所以在中国鹤又称为仙鹤。在各种体裁的文学作品和传说中，鹤成了仙人的坐骑。

自远古以来，人们便以黄为尊，以黄为荣。《易》曰："天玄而地黄。"黄色成为大地的颜色，中华民族共同的祖先是"黄帝"。黄帝是来自中国西部黄土地上的一位部落首领，所以黄土高原被誉为是华夏文明的发源地，黄河被称为中国的母亲河。这些是否符合历史事实，还有待于进一步考证，但黄色在中国文化和中国人心理中有着尊显的象征意义。

黄帝之后至秦汉时期，帝王们根据"阴阳五行"学说依水、火、木、金、土之顺序，分别对应黑、红、青、白、黄五色，选择各个朝代的色彩象征。汉代的皇帝认为汉代承秦朝之后，当为土德。五行学说又认为土胜水，土是黄色，于是服色尚黄。当时的星象学家还把五行学说与占星术的五方观念相结合，认为黄色为土，象征中央；青色为木，象征东方；红色为火，象征南方；白色为金，象征西方；黑色为水，象征北方；又因为黄色位居五行的中央，是中和之色，居于诸色之上，最为贵，定为天子之服色。当时丞相佩有"金印紫绶"，也就是金黄色的印章和紫色的系印绶带，它是一人之下万人之上、权高位隆的象征。汉代的这种文化环境奠定了黄色与紫色在中国传统文化中的重要地位。

创造神仙谱系的道教崇尚黄色。道士受戒时所穿之道服戒衣的颜色为黄色，寓意深刻。黄色属土，土为五行之尊、万物之本。戒衣采用黄色，即寓有“道化万物，参赞化育”之意。黄色在中国文化中象征中心、中正、至上等意义，因此黄鹤就不同于一般的仙鹤，是神仙世界中尊贵的仙鹤，那么骑坐黄鹤的神仙也成了尊贵的神仙。道士骑黄鹤飞仙的民间传说是黄鹤楼的地位和作用在人们心中的反映。

无论是文人迎合吴统治者的喜好而编写的故事，还是民间的附会，都反映了黄鹤楼是一处神秘的地方这一事实。上据险山、下临大江的黄鹤楼作为军事重地，一般民众只能仰观而不能近览，更无法了解它的真实性，这就增加了它在民众心中的神秘色彩。在古代，神秘性和满足好奇心理往往会产生传说故事，修筑者也会赋予其神秘色彩，满足自己的心理愿望。黄鹤楼位于崇尚神仙巫术的楚地，这里山高水阔、林草丛生、地险形胜，很容易形成云雾缭绕的仙境。东汉末年，崇尚修道成仙的道教已与民间信仰结合，在这种人迹罕至、形似仙境的地方很容易产生羽化登仙的传说。

“因山说”考证黄鹤楼名字的来源和“因仙说”传承发扬黄鹤楼的传说都源于黄鹤楼的重要地位。黄鹤楼的地位起初是来自它的险要地势在军事上的作用，后则由于其深厚的文化积淀。无论哪一种说法，都无可厚非，二者的争论源于黄鹤楼在彼此心中的地位，这本身也是黄鹤楼文化的重要组成部分。

黄鹤楼命运多舛，始建于公元 223 年的黄鹤楼在历史长河中不知毁掉了多少次，更不知重修了多少次。黄鹤楼为什么能历经千年的屡次劫难而至今巍然屹立呢？究其原因是黄鹤楼的地理位置和文化地位。黄鹤楼是位于战略要地的军事望楼，它的战略地位是不可替代的，因此屡毁屡建。最晚到唐代中期，黄鹤楼已成为“游必于是，宴必于是”的游宴胜地。黄鹤楼因为名人的游览留下的诗文而成为文化名楼，继而吸引着后世更多的文化名人慕名而来。这种文化名人与文化名楼相辅相成的关系使黄鹤楼的文化地位越来越高。黄鹤楼已经不再是一座普通的楼，而是人们心中的文化寄托。如果没了黄鹤楼，人们会产生强烈的失落感。也就是说不仅有一座客观存在的黄鹤楼，同时还有一座人们心目中的黄鹤楼。正如陈熙远先生所言：黄鹤楼兴修毁废竟有如时代治乱的注记。推其原因，这一座列名“古迹”却屡兴屡废的黄鹤楼，隐隐然对应着另一座“千载以下巍然独存”于文本传统里，不断随缘生发、凭空添附的黄鹤楼。

清代安庆名流王镇藩为黄鹤楼题写了一副对联，展示了人们视觉上的黄鹤楼与心目中的黄鹤楼。

> 形势出重霄。看江汉交流，龟蛇拱秀。爽心豁目，好消受明月清风。更四顾无边，尽教北瞻岘首，东望雪堂，西控岳阳，南凌腾阁；
>
> 沧桑经几劫。举名公宴集，词客登临。感古怀今，都付与白云夕照。溯千年以往，只数笛弄费祎，酒贳吕祖，诗题崔颢，笔搁青莲。

所以，黄鹤楼的历史不仅是一部屡建屡毁、屡毁屡建的兴修史，更是一部丰厚璀璨的文化史。

第二章
三国两晋南北朝时期的黄鹤楼

三国时期关于黄鹤楼的资料，今天有据可查的很少。陈寿的《三国志》与郦道元的《水经注》只是记载了孙权在江夏山修建夏口城，并没有提及修建黄鹤楼。唐代李吉甫在《元和郡县图志》中记载了黄鹤楼修建的时间、地点与楼名来源。至于三国时期黄鹤楼的形制，已无法考证，但三国时期的黄鹤楼是一座军事望楼是毫无疑义的。

图 2-1　东汉绿釉陶望楼模型

1972 年，河南灵宝张湾汉墓三号墓出土了一件东汉绿釉三层陶望楼，现收藏于河南省博物院。作为陪葬品的明器，整个陶望楼模型高 130 厘米、宽 45 厘米，底部是方形的池塘，龟、鱼、鸭在池塘内浮游。底座上矗立着一座三层重檐四阿顶楼阁，在二、三层之间有一个方形的卧栏，各层角檐处都有四十五度角斜挑梁转角拱，各垂脊上装饰着柿蒂花，房坡上铺着瓦垄，正脊上站立一只振翅欲飞的朱雀。楼上还塑造有迎宾俑、吹奏俑、张弓欲射俑，还有一位主人正在临阁眺望。这是一座可居、可乐、可眺望的别墅式模型，也是达官显贵们幻想升仙的理想寓所，又是防御敌人、永享安乐的建筑工事。

东汉末年，孙权修建的这座军事望楼可能沿用了汉代望楼的形制。据此可以想见，三国时期的黄鹤楼在形制上与汉代模型所表现的望楼相近，高两层或者三层。

一、黄鹤楼上争天下

黄鹤楼的修建是吴与魏、蜀三国争霸天下的结果，刘备醉走黄鹤楼的故事生动地反映了吴、蜀争霸天下的矛盾，元代朱凯根据《三国志平话》里周瑜设宴黄鹤楼的故事改编成了元杂剧剧本《刘玄德醉走黄鹤楼》。作为剧本，其史实不一定准确，但反映了时人对魏、蜀、吴争天下的看法。

周瑜在赤壁之战胜利之时与鲁肃分析天下大势。周瑜认为曹操是篡权的贼臣，如今曹军大败，不足为患。刘备是中山靖王之后，属于皇室贵胄，观其容颜有帝王之貌，又有诸葛亮辅佐，因此刘备才是他的心腹大患，鲁肃非常赞同周瑜对天下形势的论断。周瑜听说诸葛亮已经率领将士去华容道追赶曹操了，于是在黄鹤楼设宴，名叫碧莲会，请刘备来黄鹤楼赴宴。周瑜谋划了三套方案：其一是席间饮酒快要醉的时候，问刘备谁能统一天下，若刘备的回答不如心意，周瑜就用手中宝剑把他杀掉。其二是命大将于樊把住楼门，如果没有都督周瑜的令箭，楼上的任何人不许下楼。其三是饮酒兴致正高的时候，强迫刘备归顺吴国。如果不答应就以金钟为号，黄鹤楼中埋伏好的将士就把刘备捉住，困在吴国。只要刘备来赴会，就是有天大的本领也逃不出他们布下的天罗地网，如此就可以轻而易举地扫平了孙吴一统天下的障碍。

图 2-2 刘备画像

周瑜写了一封书信，让鲁肃邀请刘备来黄鹤楼赴宴。刘备看了鲁肃送来的邀请书后，犹豫不决。孙刘联合抗曹才有了赤壁之战的胜利，如果不去恐怕伤了和气，也会被天下人耻笑，去的话又担心凶多吉少。此时诸葛亮、关羽和张飞又不在身边，于是刘备决定找他的义子刘封与大将赵云商议。刘封怂恿刘备赴会，赵云反对，但刘备竟听了刘封的话。刘封为什么主张刘备赴会呢？原来他心怀叵测，他心知肚明刘备赴会是凶多吉少。刘备一旦回不来，他就成了接班人。

诸葛亮得知刘备去黄鹤楼赴宴后，知道周瑜一定会加害刘备，便立即制订了三套营救方案。一是令关平送暖衣给刘备，暖衣内藏令箭一支。这支令箭是诸葛亮借东风时向周瑜借来镇坛的。凭着周瑜的令箭，刘备就可以从黄鹤楼上脱身。二是派姜维扮作一渔翁，上黄鹤楼为刘备送鱼。姜维手上写着八个字是“彼骄必褒，彼醉必逃”，刘备看后就有了脱身办法。三是派关羽、张飞带领精兵埋伏在芦花深处，接应刘备回来。

周瑜在席间对刘备是百般刁难，但刘备应对得当。饮酒期间，关平送暖衣来，刘备收了。接着周瑜传令让于樊上楼。对他说，我这里有一对令箭，你我各有一只。你把着楼门，不许放任何人下楼。只有对上我这支箭的，你才可以放他下楼；没有令箭，就算是我，你也不许放下楼去。随后扮作渔翁的姜维出现，献上一对金色鲤鱼，在切银丝鲙的过程中让刘备看清了他手心里的八个字。

周瑜与刘备煮酒论英雄，刘备按照诸葛亮的安排大肆褒奖周瑜，周瑜听得是心花怒放，喝得酩酊大醉。周瑜把他手中的令箭折为两段，丢在江里，表示他对刘备的真诚友善。在周瑜大醉睡着后，刘备在暖衣里找出令箭，立刻拿着令箭下楼。大将于樊验箭，正好是一对，便让刘备下了黄鹤楼。等周瑜醒来，刘备已经下楼。当周瑜盘问于樊为何放走刘备时，于樊回答说刘备手持令箭，不得不放。周瑜这才想起诸葛亮借东风时，曾向他要过令箭镇坛。周瑜立即追赶刘备，诸葛亮已埋伏好甲兵，见刘备已经平安返回，决定不与周瑜交战。

后来，《黄鹤楼》剧本被改编成京剧、汉剧的传统剧目，其他地方剧中如秦腔、晋剧、河北梆子、黄梅戏等也有《黄鹤楼》。另外，在中央美术学院孙景波教授创作的壁画《黄鹤楼史话》中，有一组壁画形象生动地描绘了周瑜设宴黄鹤楼的场景。

二、南北争雄战郢城

公元 280 年，晋武帝司马炎灭掉了吴，实现了一统中国的宏图大志。西晋统一后，沙羡的治所移到了夏口城。公元 316 年，匈奴人攻破了长安，西晋灭亡。司马睿永嘉南渡后，在江南建立了东晋政权。北方

图 2-3　晋武帝司马炎画像

各少数民族割据势力纷纷建立政权，史称五胡十六国。在国家分裂、战事频仍的魏晋南北朝时期，位于咽喉要塞的黄鹤楼再次成为各方割据势力争夺的战略焦点。公元 420 年，刘裕废晋恭帝自立，建国号为宋，史称刘宋。刘宋建立后，出于加强统治的目的，于公元 454 年将荆州、湘州、豫州和江州四个州的一部分划出来，设置了郢州。

> 孝武孝建元年，分荆州之江夏、竟陵、随、武陵、天门，湘州之巴陵，江州之武昌，豫州之西阳，又以南郡之州陵、监利二县度属巴陵，立郢州。
>
> ——沈约《宋书·志二十七》

南朝宋、齐、梁、陈四朝时期，郢州的治所都在夏口城，史称郢城。史载宋孝建二年（456），萧思话任郢州刺史，其间他对郢城城垣进行了大规模的扩建，加固城防。史书中没有明确记载萧思话在扩建城垣中是否维修了黄鹤楼，但是黄鹤楼作为军事谯楼理应加固。萧思话大规模地扩建郢城，说明郢城在政权对峙的南北朝时期战略地位更加重要了。

北齐文宣帝高洋在公元555年派兵争夺梁的郢州，占领了郢城。梁朝江州刺史侯瑱把郢城内的北齐将兵围困了长达六个月之久，守将慕容俨誓死守卫，并加高城墙，修筑大型城门楼。后来，梁与北齐和好，北齐归还了郢城。在北齐与梁争夺郢城的战争中，郢城中黄鹤楼的状况如何，史书中没有提及。

《北齐书·慕容俨传》载："六年，梁司徒陆法和、仪同宋茝等率其部下以郢州城内附。时清河王岳帅师江上，乃集诸军议曰：'城在江外，人情尚梗，必须才略兼济，忠勇过人，可受此寄耳。'众咸共推俨。岳以为然，遂遣镇郢城。始入，便为梁大都督侯瑱、任约率水陆军奄至城下。俨随方御备，瑱等不能克。又于上流鹦鹉洲上造荻蕻竟数里，以塞船路。人信阻绝，城守孤悬，众情危惧，俨导以忠义，又悦以安之。城中先有神祠一所，俗号城隍神，公私每有祈祷。于是顺士卒之心，乃相率祈请，冀获冥祐。须臾，冲风歘起，惊涛涌激，漂断荻蕻。约复以铁锁连治，防御弥切。俨还共祈请，风浪夜惊，复以断绝，如此者再三。城人大喜，以为神助。瑱移军于城北，造栅置营，焚烧坊郭，产业皆尽。约将战士万余人，各持攻具，于城南置营垒，南北合势。俨乃率步骑出城奋击，大破之，擒五百余人。先是郢城卑下，兼土疏颓坏，俨更修缮城雉，多作大楼。又造船舰，水陆备具，工无暂阙。萧循又率众五万，与瑱、约合军，夜来攻击。俨与将士力战终夕，至明，约等乃退。追斩瑱骁将张白石首，瑱以千金赎之，不与。夏五月，瑱、约等又相与并力，悉众攻围。城中食少，粮运阻绝，无以为计，唯煮槐楮、桑叶并纻根、水萍、葛、艾等草及靴、皮带、筋角等物而食之。人有死者，即取其肉，火别分啖，唯留骸骨。俨犹申令将士，信赏必罚，分甘同苦，死生以之。自正月至于六月，人无异志。

后萧方智立，遣使请和。显祖以城在江表，据守非便，有诏还之，俨望帝，悲不自胜。”

公元560年，北周派大将史宁率军四万进攻郢城，遭到郢州刺史孙玚的拼命抵抗。史宁久攻不下，便下令属下纵火烧城。尽管大火烧毁了郢城的五十多座城楼，但北周仍然没有夺得郢城。史书没有记载黄鹤楼在这次战火中是否被烧毁。

《南史·孙玚传》载：“及陈武帝受禅，王琳立梁永嘉王萧庄于郢州，征玚为少府卿，仍徙都督、郢州刺史，总留府之任。周遣大将军史宁乘虚攻之，玚兵不满千人，乘城拒守，周兵不能克。及王琳乘胜而进，周兵乃解，玚于是尽有中流之地。既而遣使奉表归陈。”

尽管史籍中没有记载黄鹤楼在南北朝时期的状况，但是黄鹤楼的传说与故事已见于南北朝时期的小说与后世编修的史书中。祖冲之的志怪小说《述异记》记述了荀瑰黄鹤楼上驾鹤升仙的传说。任昉的同名志怪小说《述异记》也有类似的记载。萧子显的《南齐书》中记载了子安骑鹤过黄鹤楼和费祎黄鹤楼上跨鹤升仙的传说。这些记载表明，最晚到南朝时期，黄鹤楼的传说已经流传开来。

三、黄鹤楼下安亡魂

唐初，李世民组织史官编撰前朝史书。姚思廉撰的《梁书》与李延寿撰的《南史》都有萧秀在黄鹤楼下祭埋尸骨的记载。

郢州当涂为剧地，百姓贫，至以妇人供役，其弊如此。秀至镇，务安之。主者或求召吏。秀曰：“不识救弊之术；

此州凋残，不可扰也。”于是务存约己，省去游费，百姓安堵，境内晏然。先是夏口常为兵冲，露骸积骨于黄鹤楼下，秀祭而埋之。一夜，梦数百人拜谢而去。

——《梁书》卷二十二

夏口常为战地，多暴露骸骨，秀于黄鹤楼下祭而埋之。一夜梦数百人拜谢而去。

——《南史》卷五十二

萧秀是梁武帝萧衍同父异母的兄弟。史载萧秀任郢州刺史时善待百姓，发展生产。他不忍心看到满地的尸骨暴露在野外，就把这些尸骨收集后埋在了黄鹤楼下，让这些战死的人入土为安。

南朝时朝代更替频繁，南北政权之间征战不断，统治者内部为争夺皇权，互相残杀。郢城在这段历史时期战事不断，尸骨遍野。南朝宋著名文学家鲍照在《登黄鹄矶》中写道：

木落江渡寒，雁还风送秋。临流断商弦，瞰川悲棹讴。适郢无东辕，还夏有西浮。三崖隐丹磴，九派引沧流。泪竹感湘别，弄珠怀汉游。岂伊药饵泰，得夺旅人忧。

鲍照任郢州刺史时，黄鹤楼依然矗立在城头。从这些南朝黄鹤楼的记载来看，南朝时期黄鹤楼的军事地位一如三国时期。在当时的人们心中，黄鹤楼还是一处得道升仙的神秘之地。

第三章
隋唐时期的黄鹤楼

图 3-1　隋文帝杨坚画像

公元 581 年，年仅七岁的周静帝下诏把帝位禅让给丞相杨坚。杨坚登基后改年号为开皇，谥号文皇帝，史称隋文帝。杨坚的父亲杨忠被封为随国公，后杨坚继承了随国公的爵位，称随王。杨坚称帝后定国号为随，感到随字有走字旁，与走同义，不太吉利，便改“随”为“隋”。隋开皇七年（587），隋灭梁。开皇八年（588），隋文帝命儿子杨广率大军攻陈，一路上势如破竹，陈朝守军纷纷献城投降，郢城也免除了战火之灾。

隋朝结束了东晋以来南北政权并立的分裂局面。隋朝统一后，把郢州改为鄂州，郢城仍是州府所在地。隋朝是个短命的王朝，只存在了三十七年便被唐朝取代。公元618年，唐王李渊废隋恭帝杨侑自立，改国号为唐。公元621年，鄂州隋军见唐朝大军压城，打开城门投降。郢城再次免受战火之苦。唐承隋制，郢城仍为鄂州治所。

唐初出现了天下大治、国家统一、社会安定、经济繁荣、文化昌盛的景象，郢城不再是兵家争战的焦点，郢州城头的黄鹤楼也从三国时期以来的军事望楼演变成了文人士子“游必于是，宴必于是”的游宴胜地。

一、望楼成为游宴处

今天有据可考的黄鹤楼资料是从唐代开始的。从文献记载来看，唐初的黄鹤楼应该是前朝的遗留，至少是南朝陈时期的古楼。

唐代时，黄鹤楼由前朝的军事禁地转变为游玩宴饮名胜地。黄鹤楼功用的变化又促使了形制的变化，以迎合人们送别、观赏、娱乐和宴饮的需要。一座延续了近五个世纪的军事望楼，到了唐代不再是神秘的军事禁区，而成为文人雅士迎故送友、观景抒怀、赏月宴饮的风

图3-2 唐代黄鹤楼模型

景名胜地。为了适应人们游玩的需要，黄鹤楼在前朝的基础上进行了修葺与扩建。自唐代初期始，文人墨客们就用瑰丽的诗文描写黄鹤楼的胜景。

风雅的墨客在黄鹤楼上把所观、所闻、所思化作清丽的诗文，一座应武化需要而产生的江边高楼经文化的浸润也变得风华雅韵。在人们心中，这里已成为“何必濑乡九柱、东阳八脉，乃可赏观时物、会集灵仙”的佳地。王维、李白、王昌龄、刘禹锡、贾岛、白居易、杜牧、李商隐等诗人在江边楼上留下了发自本心的名篇佳作，说明黄鹤楼已成为文人心中的理想的游览地。在名流的社会引领和标识作用下，黄鹤楼成为普通民众心中的文化升华地。

唐初诗人宋之问在《汉江宴别》中云“清江浮暖日，黄鹤弄晴烟”。晴空暖日时，在日光的照射下，江水蒸发成雾气，江边黄鹤楼雾气缠绕，成为画中楼阁。这里已没有了披坚甲、执利兵的将士，军事望楼已成为风景中的楼阁。稍后的孟浩然在《送元公归鄂渚》中发出“岘首辞蛟浦，江边问鹤楼”的感慨。孟浩然在另一首送别友人的诗歌《鹦鹉洲送王九之江左》中说：“昔登江上黄鹤楼，遥爱江中鹦鹉洲。”说明至少在唐朝前期黄鹤楼已成为亲友送别之地，文人士子可以登上黄鹤楼，遥观鹦鹉洲。李白《送孟浩然之广陵》：“故人西辞黄鹤楼，烟花三月下扬州。”顾况《黄鹄楼歌送独孤助》：“故人西去黄鹄楼，西江之水上天流。”上述诗句描写的都是在黄鹤楼送别故友的场景。

二、“江城五月落梅花”

黄鹤楼不仅是送别友朋故交的地方，而且还有专为游人风雅助兴的音乐演出。李白与好友史钦就在黄鹤楼上欣赏过笛子演奏，《与史郎中钦听黄鹤楼上吹笛》一诗就表达了他欣赏音乐时的感受。

图 3-3 李白画像

一为迁客去长沙，西望长安不见家。黄鹤楼中吹玉笛，江城五月落梅花。

这首诗表明黄鹤楼不仅可登楼赏景、送别故交，而且有了排忧消遣的娱乐节目。武汉富有诗意的雅称“江城”就来源于这首诗中的“江城五月落梅花”，不过后人对“落梅花”有多种解释。

有一说是笛子的吹奏曲牌。《乐府诗集》收录的汉代《横吹曲》中就有“落梅花”。“落梅花”的吹奏说明当时黄鹤楼上已有了专业化的演奏。

也有人指出“落梅花”不是听的，而是观赏的。那么，素以酷热著称的江城在盛夏五月怎么会有梅花下落呢？原来，在黄鹤楼下的江中有一礁石，被称为“梅花矶”。每年五月正是长江水突涨的汛期，湍急的江水与礁石相撞，激起雪白的浪花，飞溅起的浪花下落时酷像梅花落英，人称“落梅花”。在黄鹤楼上临窗而坐，就可以观赏这一独特景观。

另外，有人从诗歌表达的心情出发，认为“落梅花”表达的是作者“西望长安不见家”的游子心境。尽管江城五月是炎热的，但音乐勾起李白远游四方的乡愁，他的内心就像梅花纷纷飘落一样凄冷。

尽管对“落梅花”的解释不一，但是李白在黄鹤楼上听笛子演奏是确切无疑的。

随着黄鹤楼游乐功能的增强，在游玩时间上也突破了夜晚的限制。人们不仅可以在白日游玩黄鹤楼，还可以晚上在黄鹤楼上赏月赋诗。以诗作“瑰奇美丽”著称的武元衡在《送田三端公还鄂州》中写道：“青油幕里人如玉，黄鹤楼中月并钩。君去庾公应借问，驰心千里大江流。”描写了黄鹤楼中赏月的惬意，同时表明文人可以在黄鹤楼上通宵达旦地游赏。诗中的庾公指的是南朝著名文学家庾信。李白也有描写黄鹤楼月亮的诗句：“黄鹤西楼月，长江万里情。春风三十度，空忆武昌城。送尔难为别，衔杯惜未倾。湖连张乐地，山逐泛舟行。诺为楚人重，诗传谢朓清。沧浪吾有曲，寄入棹歌声。”（《送储邕之武昌》）

三、黄鹤楼上送故交

黄鹤楼上据高山，下临大江，形势险要，风光无限。黄鹤楼引人入胜的美景吸引着唐代很多名士登楼抒怀。

唐代诗人王维就曾与黄鹤楼结缘。苏东坡评价王维的诗画是“诗中画，画中诗”，广为流传的《王维黄鹤楼上送康太守》的故事就充分表现了王维诗画的这一特征。相传，唐开元二十八年（740）鄂州刺史康太守要赴他乡就任，他的僚属故交在黄鹤楼上为他饯别，宴席上好友王维送给他一首诗《黄鹤楼送康太守》：

城下沧江水，江边黄鹤楼。朱阑将粉堞，江水映悠悠。铙吹发夏口，使君居上头。郭门隐枫岸，候吏趋芦洲。何异临川郡，还劳康乐侯。

吃完送行宴，康太守带着好友王维给他的赠别诗踏上了即将顺江而下的官船。在船起锚前，他展开王维的题诗，想欣赏一下王维的才气。就在展开的一刹那，他惊呆了，眼前展现的是一幅黄鹤楼泼墨山水画。画中江水滔滔，鄂州城上的黄鹤楼临江而立，楼下粉色的城墙衬映着黄鹤楼上朱红色的围栏。他起初以为是自己酒醉眼花了，等他揉揉眼睛定神仔细观看时，仍是一幅画。他急忙叫停船夫，回去找王维。他把那幅画交给王维，要他在画上补题一首赠别诗。可是，当他把画卷展开时，山水画又变成了一首诗。这下，康太守真觉得神奇了，想问个究竟。王维神色淡然地说，画中的黄鹤楼怎能比得过真楼的美景，在真楼面前它就会变成诗，等你离开黄鹤楼后它就会变回山水画。将信将疑的康太守离开了黄鹤楼，他在途中展开诗作欣赏时，果不其然，眼前又是一幅山水画。此后，康太守逢人便讲起自己的这段神奇经历。

这则传说故事是对王维“诗中画，画中诗”的演绎，其艺术化背后的底本是王维的这首诗，如诗如画地再现了黄鹤楼的迷人景致。

四、唐楼留有山水图

王维与康太守的故事是民间传说，诗画互变是人们赋予黄鹤楼美景的魔力。真正把唐代黄鹤楼变成精美画图的是李思训，他是唐代与王维齐名的青绿山水画大师。

李思训，字建睍，一作建景，甘肃天水人。出身唐宗室，长平王李叔良之孙。唐高宗时任江都（今扬州）令，武则天登基后大肆杀戮唐宗室，李思训因而弃官隐居。唐中宗神龙初年，历任宗正卿、益州长史等官职。唐玄宗开元初年，任左羽林大将。因玄宗时官至右武卫大将军，画史上称他为“大李将军”。

李思训擅画青绿山水，受展子虔的影响，笔力遒劲，画风精丽严整，以金碧青绿的浓重颜色作山水，细入毫发。李思训善画山水、楼阁、佛道、花木、鸟兽，尤以金碧山水著称，题材上多表现幽居之所，其代表画作《江帆楼阁图》独树一帜，显现出从小青绿到大青绿山水画的发展与成熟过程，与同时期兴起的水墨山水画为五代和北宋时期的山水画奠定了基础。《宣和书谱》收录了李思训的《山居四皓》《春山图》《海天落照图》《江山渔乐》《群山茂林》等十七幅画作，现在能见到的仅有《江帆楼阁图》和《九成宫纨扇图》。《中国画学全史》称他为中国山水画“北宗”之祖。

1910 年，北平著名画家陈衡恪、周肇祥、贺金朴和金绍城有感于“中国为东方文化先进之国，政俗日沦，而艺术遂奄奄无生气”，发起成立“中国画学研究会”，并出版会刊《艺林月刊》。创刊于 1930 年的《艺林月刊》刊载古今书画、金石碑刻和古迹名胜摄影等，卷末特设“艺苑珍闻”一栏，报道美术界重大新闻及各地新出土的金石碑刻和新发现的书画古玩等，刊载的内容具有较高的参考价值。

图 3-4　李思训绘《江帆楼阁图》

《艺林月刊》以图片的形式刊载了《古黄鹤楼图》。图片下方有一个小注："绢本，旧题唐李思训，虽非唐画，然笔墨精警，非宋以后所为。见古楼之结构，宏利雄深，非后世所能也。"

根据传世的李思训画作风格来推断，《古黄鹤楼图》的笔力风格有多处与他相似，有人认为此画可能是李思训本人或者是他弟子的作品。

五、"劳置华筵待我游"

以叙事长诗《长恨歌》《琵琶行》著称的"诗魔"白居易也曾宴饮于黄鹤楼。白居易的好友卢侍御与崔评事在黄鹤楼上为白居易摆下了华盛的宴席，宴后邀他共同欣赏了黄鹤楼的美景。事后，他写了一首《卢侍御与崔评事为予于黄鹤楼置宴，宴罢同望》：

> 江边黄鹤古时楼，劳置华筵待我游。楚思淼茫云水冷，商声清脆管弦秋。白花浪溅头陀寺，红叶林笼鹦鹉洲。总是平生未行处，醉来堪赏醒堪愁。

"总是平生未行处，醉来堪赏醒堪愁。"说明在唐朝中后期，黄鹤楼已成了宴饮歌乐的风景名胜地。游人醉后也可以游赏黄鹤楼，醒来后心中的郁闷忧愁就烟消云散了。

"白花浪溅头陀寺"，表明与黄鹤楼同在江边的还有一座古刹头陀寺。头陀寺是目前所知武汉市最早的寺庙。据南齐王巾的《头陀寺碑文》记载，该寺是沙门释慧宗创建的。南朝宋大明五年（461）设立方丈，后军长史江夏内史会稽孔府君来此进香，披荆斩棘，修建了藏经与修行的禅室。该寺的主持法师仰慕苦修头陀行的迦叶大法师，所以该寺取名为头陀寺。迦叶是佛祖的大弟子之一，又称迦叶尊者，传说他是佛教第一次结集的召集人。迦叶苦修头陀行，头陀行是佛教十二种苦修的总称，被称为“头陀第一”。头陀是梵语，意思是抖擞，即抖掉身上的尘垢，抖掉心中的烦恼。

六、会集灵仙黄鹤楼

对唐代黄鹤楼记载最为翔实的是阎伯瑾写于永泰元年（765）的《黄鹤楼记》。游记先是描写了黄鹤楼的位置与建筑形制特征。

> 州城西南隅有黄鹤楼者……观其耸构巍峨，高标宠岌。上倚河汉，下临江流。重檐翼馆，四闼霞敞。坐窥井邑，俯拍云烟。亦荆吴形胜之最也，何必濑乡九柱、东阳八咏，乃可赏观时物、会集灵仙者哉！

从诗词化的文中的描述，我们可粗略地了解唐代黄鹤楼的形制。黄鹤楼的位置同初建时一样，位于城（鄂州城）的西南角，据山临江，巍峨高耸，直插云霄。同周围低矮简单的建筑相比，位于黄鹄山上的黄鹤楼高入天穹。楼高两层，飞檐翼角，四面的门十分宽敞，在云缠雾绕的楼上可一览全城景致。接着作者描写了登上黄鹤楼的赏景感怀。

> 或逶迤退公，或登车送远，游必于是，宴必于是。极长川之浩浩，见众山之累累。王室载怀，思仲宣之能赋；仙踪可揖，嘉叔伟之芳尘。乃喟然曰：“黄鹤来时，歌城郭之并是；浮云一去，惜人世之俱非。”

文中的“思仲宣之能赋”是一则典故。仲宣是东汉末年著名文赋家王粲的字。王粲，少年时就博闻强记，过目不忘，精通天文历法，尤其

图 3-5　王问绘《建安七子图》

善于写文作赋，以才思敏捷闻名，与鲁国孔融、北海徐干、广陵陈琳、陈留阮瑀、汝南应玚、东平刘桢，合称“建安七子”。

王粲是“七子之冠冕”，文学成就最高，后人把他与曹植并称“曹王”。尽管王粲才华出众，但因他身材短小、相貌不佳而不被朝廷赏识。后来，他离开京城，经人引荐投靠了荆州刺史刘表，在刘表处仍然不被重用。怀才不遇的王粲有一天登上了荆州城头，眼前美景与自己颇为坎坷的身世形成了鲜明对比，王粲触景感怀，挥笔写就了著名的《登楼赋》。“遭纷浊而迁逝兮，漫逾纪以迄今。情眷眷而怀归兮，孰忧思

图 3-6 《崔颢题诗图》

之可任？”成为怀才不遇者心声的写照，《登楼赋》也因此被称为魏晋第一赋。后人为纪念王粲，修建了仲宣楼，与黄鹤楼、晴川阁并称为楚地三大名楼。

七、鹤楼美景道不得

在众多吟诵黄鹤楼的诗歌中最为著名的当属崔颢的《黄鹤楼》，这首诗让黄鹤楼声名远播，人们多是通过这首诗认识和了解黄鹤楼的。同时，崔颢也因这首诗扬名古今。“黄鹤一去不复返，白云千载空悠悠”，也为武汉赢得了“白云黄鹤之乡”的美称。

崔颢（704—754），汴州（今河南开封）人。他才思敏捷，善于写诗，《旧唐书·文苑传》把他和王昌龄、高适、孟浩然相提并论，唐开元十一年（723）中进士。史书中关于崔颢的记载很简略，所以我们无法详细地了解他的生平事迹。究其原因，一方面是崔颢仕途坎坷，社会影响较小；另一方面，崔颢与宋代的柳永相似，早年情志浮艳，有酗酒、赌博的恶习，不被世人看好。他前期的诗作多描写闺中小姐与歌女，后期诗歌风格大变。崔颢离开京城后，漂泊四方，直至出塞边关。饱览了众多名山大川后，他的诗歌变得雄浑大气。《黄鹤楼》这首千古绝唱，就是他在楚地游览黄鹤楼时所作。

昔人已乘黄鹤去，此地空余黄鹤楼。黄鹤一去不复返，白云千载空悠悠。晴川历历汉阳树，芳草萋萋鹦鹉洲。日暮乡关何处是？烟波江上使人愁。

崔颢开篇借用黄鹤楼上驾鹤升仙的民间传说，抒发了千年以来人去楼空的遗憾。千百年来黄鹤不返，只有楼头的白云悠然地飘浮。登上黄鹤楼，放眼望去，对面的晴川阁绿树掩映，江中的鹦鹉洲绿草如茵，在晚霞夕照下，江上烟雾袅袅。崔颢此时不仅愁从心起，发出“日暮乡关何处是？烟波江上使人愁”的伤怀。在安土重迁、故乡情结浓重的中国人心里，乡愁是最难排遣的。千百年来，这首诗引起了无数读者的共鸣，这也许是其经久不衰的原因之所在。

崔颢的《黄鹤楼》名扬古今的背后还有一段文坛佳话，这首诗让“诗仙”李白扼腕搁笔。李白不仅是唐诗的至尊人物，在整个中国诗歌史上都是首屈一指的。他的诗歌造诣代表了中国古代诗歌的最高成就。李白生性豪放浪漫，不为名利折腰。“一生好入名山游”的李白自称“我本楚狂人，凤歌笑孔丘”。诗圣杜甫在《饮中八仙歌》中说“李白一斗诗百篇，长安市上酒家眠。天子呼来不上船，自称臣是酒中仙”。

那么，让轻慢天子、嘲笑圣人的李白都自叹不如的诗歌自然是不同凡响了。

相传，当年李白携带书童乘船来到黄鹤楼下，在江面的船上仰观鄂州城头的黄鹤楼是高入河汉，云缠雾绕，如仙如画。此时，李白已有了几分诗兴。书童领会了李白的心思，即刻准备酒食和文房四宝。李白下船后，径直奔上了黄鹤楼。放眼四望，山环水绕，鄂州城里店铺林立，人声鼎沸，熙熙攘攘，远处芳草的怡人清香随风阵阵飘来。李白诗兴大发，书童端上美酒和热菜后急忙研墨。李白兴致高涨，开怀畅饮，准备在黄鹤楼上挥毫题诗。正当他要落笔之时，突然发现粉白的墙壁上已有了崔颢的题诗。李白逐句欣赏，读后仰天长叹，扼腕搁笔。愤愤不平的李白随口赋了一首打油诗："一拳捶碎黄鹤楼，一脚踢翻鹦鹉洲。眼前有景道不得，崔颢题诗在上头。"说完，带着书童怅然离去。

但是恃才傲物的李白并不甘心。他在《江夏赠韦南陵冰》中愤然写道："我且为君槌碎黄鹤楼，君亦为吾倒却鹦鹉洲。"有个叫丁十八的少年写诗讥笑李白，说黄鹤楼依然安在。李白在《醉后答丁十八一诗讥予捶碎黄鹤楼》的诗作中回应道：

> 黄鹤楼高已捶碎，黄鹤仙人无所依。黄鹤上天诉玉帝，却放黄鹤江南归。神明太守再雕饰，新图粉壁还芳菲。一州笑我为狂客，少年往往来相讥。君平帘下谁家子，云是辽东丁令威。作诗调我惊逸兴，白云绕笔窗前飞。待取明朝酒醒罢，与君烂漫寻春晖。

后来，李白在游六朝古都金陵时，登上了金陵凤凰台。他仿照崔颢《黄鹤楼》的风格写就了《登金陵凤凰台》：

凤凰台上凤凰游，凤去台空江自流。吴宫花草埋幽径，晋代衣冠成古丘。三山半落青天外，一水中分白鹭洲。总为浮云能蔽日，长安不见使人愁。

李白在黄鹤楼上无法与崔颢比试高低，想用这首诗与崔颢的《黄鹤楼》一比高下。这场李白与崔颢间诗文之争的历史真实性已无从考证，但这段佳话使崔颢的文坛地位极大地提升，同时也提高了黄鹤楼的声名。

八、黄鹤楼下鹦鹉洲

“晴川历历汉阳树，芳草萋萋鹦鹉洲。”晴川阁依然掩映在龟山脚下的汉阳树中，但是芳草萋萋的鹦鹉洲在明代逐渐沉没于滔滔江水中。鹦鹉洲本是黄鹤楼下江中的一小块陆地，因三国时期狂士祢衡的《鹦鹉赋》而得名。

祢衡，东汉末年著名文士，与四岁让梨的孔融是很要好的朋友。史载，祢衡少年时就以雄辩之才闻名于世，他才高气盛，有傲骨，不重名利，轻慢权贵。当时身为汉丞相的曹操要召见他，祢衡不满曹操“挟天子以令诸侯”的做法，以生病为理由拒绝了曹操。曹操对祢衡轻慢自己的做法甚为恼火，下令把祢衡罚作打鼓的小吏。祢衡上任后，当着曹操的面，赤身裸体地演奏鼓曲《渔阳三挝》，大骂曹操贼子野心。这就是“击鼓骂曹”的由来。祢衡的名声很大，曹操不想落个被天下人指责杀害名士的骂名，便把祢衡送给了荆州刺史刘表。刘表明白曹操的用意，自己也不想背杀祢衡的骂名，也顺水推舟地把祢衡引见给了江夏太守黄祖。祢衡见黄祖时，黄祖正与长子黄射在江心洲上宴请宾客。黄射钦佩祢衡的才高气傲，席间送给了他一只鹦鹉。有一个名为碧姬的歌女，向祢衡劝酒，并想求赋一篇。祢衡感叹自己的遭遇，即席写就了流传至今的《鹦鹉赋》：

惟西域之灵鸟兮，挺自然之奇姿。体金精之妙质兮，合火德之明辉。性辩慧而能言兮，才聪明以识机。故其嬉游高峻，栖跱幽深。飞不妄集，翔必择林。绀趾丹嘴，绿衣翠衿。采采丽容，咬咬好音。虽同族于羽毛，固殊智而异心。配鸾皇而等美，焉比德于众禽？

于是羡芳声之远畅，伟灵表之可嘉；命虞人于陇坻，诏伯益于流沙。跨昆仑而播弋，冠云霓而张罗。虽纲维之备设，终一目之所加。且其容止闲暇，守植安停。逼之不惧，抚之不惊。宁顺从以远害，不违迕以丧生。故献全者受赏，而伤肌者被刑。

尔乃归穷委命，离群丧侣。闭以雕笼，翦其翅羽。流飘万里，崎岖重阻。逾岷越障，载罹寒暑。女辞家而适人，臣出身而事主。彼贤哲之逢患，犹栖迟以羁旅。矧禽鸟之微物，能驯扰以安处！眷西路而长怀，望故乡而延伫。忖陋体之腥臊，亦何劳于鼎俎？嗟禄命之衰薄，奚遭时之险巇？岂言语以阶乱，将不密以致危？痛母子之永隔，哀伉俪之生离。匪余年之足惜，愍众雏之无知。背蛮夷之下国，侍君子之光仪。惧名实之不副，耻才能之无奇。羡西都之沃壤，识苦乐之异宜。怀代越之悠思，故每言而称斯。

若乃少昊司辰，蓐收整辔。严霜初降，凉风萧瑟。长吟远慕，哀鸣感类。音声凄以激扬，容貌惨以憔悴。闻之者悲伤，见之者陨泪。放臣为之屡叹，弃妻为之歔欷。

感平生之游处，若埙篪之相须。何今日之两绝，若胡越之异区？顺笼槛以俯仰，窥户牖以踟蹰。想昆山之高岳，思邓林之扶疏。顾六翮之残毁，虽奋迅其焉如？心怀归而弗果，徒怨毒于一隅。苟竭心于所事，敢背惠而忘初？托轻鄙之微命，委陋贱之薄躯。期守死以报德，甘尽辞以效愚。恃隆恩于既往，庶弥久而不渝。

祢衡托物言志，通过歌颂鹦鹉的志行高洁表达了自己的身世遭遇。“背蛮夷之下国，侍君子之光仪。惧名实之不副，耻才能之无奇”，成为后世士人为人行事的准则；“托轻鄙之微命，委陋贱之薄躯。期守死以报德，甘尽辞以效愚。恃隆恩于既往，庶弥久而不渝”，表达了祢衡希望能遇到贤明君主以施展自己才华的强烈心声。

图 3-7　祢衡墓

黄祖让祢衡担任自己的文书，一次在黄祖宴请宾客的时候，祢衡的言谈让黄祖十分难堪，便大声呵斥。祢衡当即大骂黄祖，鲁莽武夫出身的黄祖一气之下就把祢衡杀掉了。祢衡死后葬在了他作《鹦鹉赋》的江心洲。当年求赋的歌女碧姬闻讯后，带着鹦鹉、身着孝服来到祢衡墓前放声大哭，哭毕撞死在祢衡的墓碑前。人们把鹦鹉与碧姬合葬，神奇的鹦鹉化作了一块碧玉翡翠。此后，人们为纪念祢衡与碧姬的鹦鹉传情，把江心洲改名鹦鹉洲。

今天的鹦鹉洲位于汉阳拦江堤外，形成于清乾隆年间，当时名为“补课洲”。乾隆年间，地方官员在“补课洲”上得到了当年祢衡的鹦鹉变作的“翡翠碧玉”，把它献给了乾隆皇帝。所以，嘉庆年间就把“补课洲”改名为“鹦鹉洲”。清光绪二十六年（1900），地方官府重修了祢衡墓。墓为石质结构，呈方形，墓前立有一方石碑，上书“汉处士祢衡墓”六个大字。

九、“黄鹤楼前吹笛时”

黄鹤楼前吹笛时，白蘋红蓼满江湄。衷情欲诉谁人会，惟有清风明月知。

——吕岩《题黄鹤楼石照》

唐代的吕岩即在中国家喻户晓的神仙吕洞宾的原型。吕岩，又名岩客，字洞宾，道号纯阳子，自称回道人。唐懿宗咸通初年考中进士，曾做过两次县令。唐朝末年爆发了黄巢大起义，黄巢一度占领长安。为了躲避战乱，吕洞宾带着妻儿躲进了终南山。也有人说他出生于世代官宦之家，祖辈都做过隋唐官吏，自幼熟读经史，曾在唐宝历元年（825）中了进士，当过地方官吏。《全唐诗》中收录了吕岩的多首诗作，可见吕岩是一位儒生。吕洞宾成为神仙，可能源于唐代沈既济的传奇故事《枕中记》。故事中描写了一位穷困潦倒的赶考文人卢生经过邯郸时，在客店里遇到了神仙吕翁。吕翁给他一个枕头，让他做了一个尽享人间荣华富贵的“黄粱美梦”，有人把故事中的吕翁附会成了吕洞宾。明代剧作家汤显祖创作的《邯郸记》，就将吕翁改为了八仙之一的吕洞宾。

图 3-8　吕洞宾画像

《宋史·陈抟传》记载吕岩：“关西逸人，有剑术，年百余岁。步履轻捷，顷刻数百里，数来抟斋中”，俨然成为修道有术的高士。这说明在宋代，吕洞宾已经成为与陈抟老祖一样的仙道。传说吕岩闲游长安时遇到了神仙钟离权，经过十次考验，钟离权把吕岩点化为神仙，成为“八仙”之一。

黄鹤楼上吕洞宾的传说源于吕岩的这首七言古诗《题黄鹤楼石照》。

据史志记载，北宋初年黄鹤楼西面的下坡临崖处有一块颜色苍涩的巨石。巨石明亮，像一面铜镜，石光可以照出人影。每到夕阳西下，阳光斜射，巨石就炯然发光，人们把这种景观称为石照。于是人们在石旁建亭，亭因此而得名石镜亭。北宋初年，黄鹤楼下就建造了石镜亭。宋代诗人贺铸诗曰：“东城石镜照，西城夕阳晴。有山分八字，共作两眉横。”

亭当时位于山麓，黄鹤楼在石镜亭和南楼之间。陆游的《入蜀记》写到了与章冠之秀才甫登临石镜亭。据说，当陆游慕名看到“石照”，只是“粗顽石也，色黄赤皴驳，了不能鉴物”，大呼上当，批评其“可谓浪得名者”。吕岩的这首诗后来传说成八仙之一的吕洞宾游黄鹤楼时所作。明代有好事者曾在亭壁上刻上吕洞宾这首题诗，表示此处是吕洞宾的仙迹。明代杨士奇把“石镜夕照”列为“武昌十景”之一，并写进了他的《武昌十景图诗序》中。明代尹东郊“仙人岩近花犹醉，石镜亭连笛换腔”，任家相“玄都再人桃先种，石镜曾窥迹未遥”的诗句，描写了石镜亭的神仙传说。明崇祯十六年（1643），石镜亭旁的巨石不知什么原因不见了，后来石镜亭也毁废了。清康熙四十三年（1704），湖广总督喻成龙、巡抚刘殿衡下令重建。嘉庆年间，亭子再次毁没。1993年重建的石照亭依山而立，背倚岩石，由两柱半方花岗岩石体构成，长3.59米，进深1.59米，高5.12米。亭内岩壁镶有黑砂石一块，表示石镜。四周疏林环绕，奇石映衬，古色四溢。“石照亭”三个字由时任江苏省书法家协会驻会秘书长的饭牛（即田原）书写。

自宋代开始，关于吕洞宾与黄鹤楼的故事更多了起来，甚至把在辛氏酒店跨鹤成仙的道人也传成了吕洞宾。另外，还有“结枣如瓜”“掷桃映石”等传说。黄鹤楼景区内的“吕仙洞”“跨鹤亭”“仙枣亭”“仙桃迹”等都是吕洞宾在游黄鹤楼时留下的仙迹。

“吕仙洞”，又名吕公洞，位于黄鹤楼东北脚下73米、白云阁以西206米处。其实蛇山上的吕公洞早已有之。陆游在《入蜀记》中曾提及“结庐洞侧，设吕公像其中”，说明有些景点早在南宋时期就已附会到吕洞宾身上。传说吕洞宾本姓李，娶妻金氏，夫妻恩爱，生活幸福美满。一日，有一老道预测李氏夫妇将遭横祸，不得善终。老道随即指

图 3-9　吕仙洞

点："如去黄鹄山黄鹤洞修道，或可幸免。"李氏夫妻听罢，在蛇山上找到了一个天然石洞，见上题"黄鹤洞"，便栖身隐居其中，紧闭石门，潜心修炼。因洞中只有他们两口，便改姓为吕，长年与山石为伴，改名为岩；洞中自叹人生为过客，乃号洞宾。金氏死后，只剩吕岩一人，吕岩便自号"纯阳子"。

现在的"吕仙洞"是在原洞的遗址上稍加扩展重建的。洞呈"U"形并贯通，洞里有尊一整块汉白玉石精雕而成的吕洞宾平卧雕像。整座雕像长 3.1 米，高 1.71 米，重 5 吨，神态安详，栩栩如生。雕像前有一座香炉。洞门为青石牌坊，"吕仙洞"三字为原中国作家协会副主席冯牧所题。

"仙枣亭"，又名吕仙亭。明初始建于蛇山山顶，1993 年初春复建于公园北区，位于黄鹤楼以东 175 米、白云阁西侧北坡 100 米处。

清嘉庆熊士鹏的《鹄山小隐集》和同治胡凤丹编撰的《黄鹄山志》都记载了"黄鹤楼下仙枣"的传说。传说明初黄鹄山上有四株枣树，枝叶葱郁茂盛，却从不结枣。有好事者在枣林边建一六角小亭，叫作盼枣亭。有一年，忽然间树上结满了枣子，幽香袭人，每颗枣竟长得像瓜一样大，压得枣树枝叶坠地。人们相传这是仙枣，吃了可以成仙。太守知道后，立即派兵将枣林围住，派书童采摘。太守全家沐浴更衣，聚在院内设好的斋坛旁，准备一同食枣升仙。可是书童一去不返，经查，书童已经吃了仙枣升仙，其余仙枣落地成石。太守被气得七窍生烟，后悔莫及，回到府内生起闷气。傍晚，同知前来劝慰，邀他下棋解闷。正当太守棋势颇佳、胜负立定之时，忽听有人说"太守弈败！太守弈败！"棋局至此急转直下，不久太守就败下阵来。两人顿生狐疑，四处寻找说话之人，却又杳无踪影。忙乱间，窗外响起悠扬的笛声，若隐若现，两人寻声追至亭下，见亭壁上有绝句一首："黄鹤楼中吹笛时，白蘋红蓼满

图 3-10　仙枣亭

江湄。衷情欲诉谁能会，惟有清风明月知。”题诗署名一“吕”字，同知问这是何人，太守沉思片刻，猛然醒悟说：“一定是吕洞宾，今天两次机会竟然都让我给错过了，看来我今生不会成为神仙了。”说完，太守放声痛哭而归。吕仙亭由此得名。

明景泰四年（1453）重建此亭，更名为“仙枣亭”。亭中立石碑一方，上面刻上了吕洞宾像和这首诗，亭的两侧修建了“清风”“明月”两口水井，为仙枣亭增添了风月景韵。明代时，文人墨客们在仙枣亭抨击朝政、抒发抱负。江夏学者郭正域曾任礼部侍郎，后遭诬陷被贬官故里，写下了《仙枣亭记》。

仙枣亭在明末被毁，清代又重建。亭上曾挂过多副对联。乾隆年间湖广总督毕沅撰联：“揽胜我长吟，碧落此时吹玉笛；学仙人渐老，白头何处觅金丹。”亭上长期挂着的是何绍基题写的“千年仙枣不留核，五月落梅犹有花。”据1946年出版的《新武汉指南》记载，当时仙枣亭保存完好。1955年修建长江大桥时，仙枣亭同奥略楼一同被拆掉。

1993年重建的仙枣亭坐北朝南，呈四柱方形，边长3.75米，高4.83米，柱子高3米，重檐攒尖顶上面覆盖着圆柱石筒瓦，周边是用花岗石砌成的花孔围栏，亭上悬挂着秦岭云楷书的匾额“仙枣亭”。

十、奇章古亭纪牛相

在黄鹤楼景区白云阁的东侧北山坡上有一座三连环形的古式凉亭，它就是著名的奇章亭。“奇章”指的是唐代名相牛僧孺，唐敬宗时被封为奇章郡公。

牛僧孺，字思黯，今甘肃灵台人。在“牛李党争”中是牛党的领袖。他一生经历了德宗、顺宗、宪宗、穆宗、敬宗、文宗、武宗、宣宗八个皇帝，是唐穆宗、唐文宗时的宰相。牛僧孺为官正派，得到穆宗的赏识，被委以宰相重任。

唐敬宗宝历元年（825），朝廷任命牛僧孺为鄂州刺史，充武昌军节度使、鄂岳沔蕲黄观察使。牛僧孺上任后，裁减冗员，减轻民赋，奏请废沔州，将汉阳、汉川并入鄂州，使汉阳、江夏纳入同一州的行政区划之中，促进了地区的商贸交往和经济发展。牛僧孺到任前，江夏城原有的土城墙易倒塌，每年都版筑修治，劳民伤财。当地官员向百姓征收青茅赋税，用以修筑城墙，每年费用十余万，并借此中饱私囊。牛僧孺到任后，费时五年将土城改修为砖城。砖城在原夏口城的基础上向北、东、南三面拓展，北临沙湖，东至小龟山，南抵紫阳湖，西达蛇山西端。黄鹤楼不再是城墙的角楼，楼前楼后均有较大的活动场所，既便于游览，又为其发展提供了足够的进深。

敬宗立，进封奇章郡公。是时政出近倖，僧孺数表去位，帝为于鄂州置武昌军，授武昌节度使、同平章事。鄂城土恶亟圮，岁增筑，赋蓑茅于民，吏倚为扰。僧孺陶甓以城，五年毕，鄂人无复岁费。又废沔州以省冗官。

——《新唐书》卷一百七十四

唐文宗大和四年（830），牛僧孺回调京城长安。唐大中元年（847）牛僧孺逝世后，被宣宗追赠太尉。后人为纪念他治理鄂州时的功绩，在他登览黄鹤楼时常设宴之处修建了一个亭子，亭子用牛僧孺的封号命名为奇章亭。南宋乾道六年（1170）陆游所写《入蜀记》云，武昌蛇山“旧有奇章阁，今已废”。嘉靖年间孙承荣的明刻《黄鹤楼集》记载：“有奇章亭，为牛僧孺宴处。”

1994年春，黄鹤楼公园重建此亭。奇章亭坐东朝西，为三连环形，

图3-11　奇章亭

由北向南，三亭连体，用红砂石建造。如以甲、乙、丙三亭计，分开看，三亭各为八根红砂石柱，由于甲乙、乙丙之间又各有两柱重叠，故三亭实有二十根石柱。甲亭直径为 3.66 米，高 6.9 米；乙亭直径为 3.63 米，高 5.23 米；丙亭直径为 3.61 米，高 5.07 米。柱高 3 米，柱围 0.9 米。北边的甲亭略高，为双层飞檐，瓶盖顶，高约 7 米，乙、丙两亭各高 5 米。造型错落有致，以奇特见长，体现了江南园林石亭建筑的风韵。亭名篆体字由娄师白题写。

第四章
宋代黄鹤楼

公元 907 年，朱温灭唐，建立后梁，此后五十年间先后经历了梁、唐、晋、汉、周五个短命的朝代，直至公元 960 年北宋建立。同时期，在周边地区又有吴、楚、闽、吴越、前蜀、后蜀、南汉、南唐、荆南（南平）、北汉等政权，史称“五代十国”。五代十国时期，朝代更替频繁，各个割据势力连年征战，社会处于分裂状态动荡不安。赵匡胤结束了五代十国以来分裂割据的局面，建立了宋朝，史称北宋。公元 1127 年，北宋被金兵灭亡，康王赵构南渡后重建宋朝，在南京应天府（今河南商丘市）即位为帝，史称南宋。两宋相继，共计三百余年。众多史料表明，黄鹤楼历经五代，延续到了南宋初年。

一、“高楼千载倚江城”

“高楼千载倚江城”，出自南唐状元卢郢的诗作《黄鹤楼》。据《十国春秋》载，卢郢，金陵人，生于何年不详，卒于宋太宗太平兴国四年（979）左右，是五代十国时期南唐的状元。卢郢文章写得好，卢郢的姐夫徐铉奉南唐后主李煜之命撰写文章，很多天也没有写成。卢郢听说后，自己口述文章，命人笔录，一蹴而就。徐铉把文章进呈后主李煜，李煜评道：“语势遒俊，似非卿作。”徐铉急忙把事情原委告诉了后主，从那以后，卢郢文名大振。

卢郢力大勇猛，喜欢吹铁笛子，且疾恶如仇。一天，他在街上碰到了都城烽火使韩德霸，烽火使是主管都城守卫的武官。韩德霸恃势横暴，动辄殴打百姓，百姓对他恨之入骨，却又无可奈何。卢郢见了韩德霸并不躲避，依然吹着笛子。韩德霸见是一个穷酸的文人，便喝令让道，卢郢对他毫不理会。恼羞成怒的韩德霸，命手下抓捕，卢郢不慌不忙，奋臂一挥，将十几名士卒打翻在地。韩德霸正想亲自动手，却被卢郢拉下马来，摔得鼻青脸肿。满身伤痕的韩德霸向李后主告卢郢的恶状，李后主听后大声训斥道："国子监乃人才荟萃之地，就是孤见了卢郢，也要谦让三分，尔一赳赳武夫，怎敢污辱斯文，该打，该打！自今日起，尔不必任职，可回归田里去吧。"

韩德霸本想让李后主惩治卢郢，没想到自己却被训斥了一番，而且贬官成了平民百姓。

> 黄鹤何年去杳冥，高楼千载倚江城。碧云朝卷四山景，流水夜传三峡声。柳暗西州供写望，草芳南浦偏离情。登临一向须回首，看却乡心万感生。
>
> ——卢郢《黄鹤楼》

从卢郢的诗中可以看出，此时黄鹤楼依然存在。

二、宋代界画《黄鹤楼》

界画是中国绘画的一个门类，在绘画时使用界尺引线，所以称为界画。界画主要用于描绘建筑物，其他景物用工笔技法配合，通称为"工笔界画"。元末明初史学家陶宗仪的《辍耕录》中记载了"画家十三科"，"界画楼台"是其中的一科。从名称可以看出，界画主要用于画亭台楼

图 4-1　宋代界画《黄鹤楼》

阁。界画出现于魏晋时期，到了宋代发展到高峰时期。北宋时期由于皇帝宋徽宗喜欢画亭台楼阁，出现了一批界画名作，界画《黄鹤楼》就是在这种历史背景下产生的。

宋代界画《黄鹤楼》原收藏于华南理工大学博物馆，这幅界画成为研究宋代黄鹤楼建筑形制的主要依据。从画面上看，同唐代相比，宋代黄鹤楼已发展成为一组建筑群，坐落在子城的高台上。台子高出子城城垣，楼与城之间有台阶相连，直通城内，方便游人游览。

城墙上建有一座牌坊式门坊。画中的黄鹤楼建筑群有小轩、曲廊和重檐方亭等，这些建筑围绕着黄鹤楼布局。檐下斗拱与曲栏眺台互为呼应，屋顶分别采用单檐十字脊四歇山、重檐歇山、单檐歇山及庑殿式屋顶等，统一中富有变化，虽繁复而不混乱，既华丽又庄重。作为主楼的黄鹤楼，位置突出，与低矮的陪衬建筑形成鲜明的对比。飞檐翼角为单檐十字脊四歇山顶，翼角和两脊的两端饰有鸱吻，飞檐与廊柱之间有柱头科斗拱支撑，楼的四面墙上有斜网格式漏窗。画中楼好似单层，从高度讲应为两层，印证了张咏“重重轩槛与云平”的诗句。

宋界画《黄鹤楼》生动逼真地再现了宋代黄鹤楼的繁华景象。高楼、轩廊、亭台依山而立，楼下高大的绿树丛生，江上船来橹往，高帆蔽日，不远处群山连绵。楼上游人如织，或宴饮，或赏乐，或临江览胜，或群贤毕至，赋诗作文；或泪洒楼台，与故交依依惜别。为了适应人们各种游乐活动，围绕黄鹤楼修建了轩廊亭台，此时的黄鹤楼也比唐楼更为华丽壮美。曲折的回栏、层层而上的台阶、牌坊式的门坊，黄鹤楼成为人们登高望远、抒发情怀、聚朋会友、吟诗弄词的场所。

但是，我们从画面中无法断定黄鹤楼的位置。宋代著名历史地理学家王象之研究各地山川地理编就了《舆地纪胜》一书，该书创立了一种新的体例“景物门”。在景物门中，王象之记述了各地的风景名胜，其

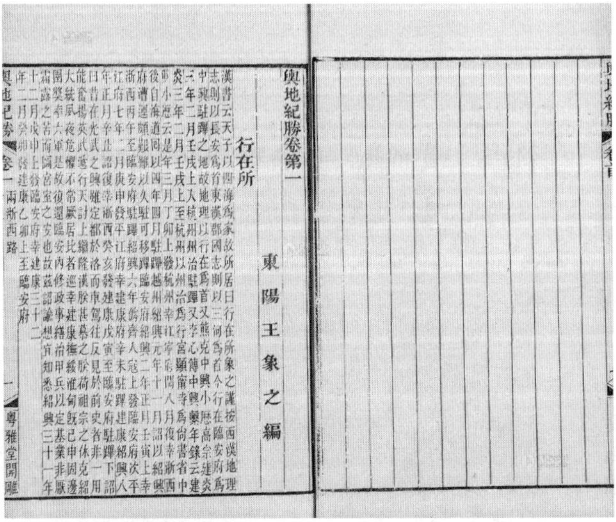

图 4-2 王象之编《舆地纪胜》书影

图 4-3 《长江万里图》中的黄鹤楼

中关于黄鹤楼的记述：“黄鹤楼在子城西南隅黄鹄山上，自南朝已著，因山得名。”从王象之的记载中可以断定，宋代黄鹤楼的位置仍在城西南隅。

南宋偏安江南一隅后，为了阻止金兵南下，蛇山顶上修建了“万人敌城”，试图借用蛇山的险要形势抵挡彪悍的金兵。同鄂州城相比，万人敌城的城墙有所收缩，此时的黄鹤楼可能坐落在主城外面的黄鹄矶子城上。

宋代黄鹤楼的画作还有夏圭的水墨画《长江万里图》。据《中国画学全史》记载，《长江万里图》为绢本，长三丈三尺有余，画上还有王穉登等人的题词。因为画作以长江万里景致为内容，所以画上的黄鹤楼不如界画《黄鹤楼》明细。此外，民国期间《东方杂志》第二十卷第一号上刊出了福建闽县李氏槿斋所藏的《黄鹤楼图》，画作上明确注明是宋代画院真迹。据考证，李氏的确收藏了比较多的宋画，这幅画作笔法布局与宋画颇为相似，可信度比较高。可惜的是原作佚失，至今下落不明。

三、黄鹤楼旁乖崖亭

在黄鹤楼景区的北区有一座依山而建的亭子，名叫“乖崖亭”，它的修建者是有“纸币之父”之称的北宋名臣张咏（946—1015）。

张咏与宋代名相寇准是直面对方缺点的挚友，与寇准、赵普被称为北宋初年“三能臣”。他自号“乖崖”，取“乖”则违众、“崖”不利物之意。张咏早年性格暴躁，有豪侠气概。相传他年轻的时候，有一次戴着头巾吃馄饨，当他低头吃馄饨时，带子较长的头巾连着几次掉进馄饨碗里。张咏顿时火冒三丈，一把就将头巾拽下来扔进馄饨碗里，怒气冲冲地高声喊道：“但请吃！”

张咏在湖北崇阳担任知县期间，发现一个管钱的小吏偷了一枚钱藏在头巾里，并带出了库房。张咏要打小吏板子作为惩戒，小吏不服气地

图 4-4　乖崖亭

说我只偷了一文钱，你竟因这点小事打我，你有本事敢杀我吗？小吏的话激怒了张咏，写了四句判词“一日一钱，千日一千；绳锯木断，水滴石穿”后，随即拔剑杀掉了他。张咏杀小吏的事震动全县，从此之后当地治安大为好转。

> 咏刚方自任，为治尚严猛，尝有小吏忤咏，咏械其颈。吏恚曰：“非斩某，此枷终不脱。”咏怒其悖，即斩之。
>
> ——《宋史》卷二九三

张咏性格急躁，但是爱书如命。他位居高官，不置田产，不蓄姬纳妾，只好藏书，这种藏书、读书的爱好一直持续到他卒于任上。他在治理益州时，不仅发展农桑，还重视工商业富民强国的作用。铜钱作为流通货币在大额商业往来时十分不便，张咏就用桑叶为原料发明了世界上最早的纸币“交子”，被后人称为“纸币之父”。今天英国伦敦英格兰银行天井中有一棵英国罕见的中国桑树，就是用来纪念中国交子对世界金融业的贡献的。

张咏博览群书，爱好游览。《登黄鹤楼》就是他游览黄鹤楼时所作。

> 重重轩槛与云平，一度登临万想生。黄鹤信移烟树老，碧云魄乱晚风清。何年紫陌红尘息，终日空江白浪声。莫道安邦是高致，此身终约在蓬瀛。

从诗中可以得知，宋初的黄鹤楼是栏杆环绕的多层楼阁。登上黄鹤楼后，游人会浮想联翩，万象俱生。宋代理学援道引佛入儒，儒释道融合成为中国文化的主体架构。“穷则独善其身，达则兼济天下”，成为士大夫人生价值的双重取向。尔虞我诈、宦海沉浮的官场让文人出身的官员们身心疲惫，他们转而十分向往逍遥自由的神仙生活。所以，张咏感慨“莫道安邦是高致，此身终约在蓬瀛”。黄鹤楼上驾鹤飞仙的传说迎合了文人士子的这一文化心理，很多吟诵黄鹤楼的诗文中有黄鹤楼的传说，这也许是历代众多文人士子们游览黄鹤楼的原因之所在。

后人在他登楼作诗处建亭，以张咏号“乖崖”命名。清代的乖崖亭在布政司内（今武昌司门口），后来毁掉。1993 年重建此亭，位于公园北区，在黄鹤楼以东 474 米、白云阁东北约 200 米的山北坡上。亭子坐北朝南，呈六圆柱扇面形，高 4.43 米，斜坡顶，前弧长 2.97 米，后弧长 6.80 米，弧距 3 米，采用安徽黄山产红砂石建造，端庄古雅，别具风格。亭子四周佳木笼荫，清丽幽静。行楷字亭名由画家黄均题写。

四、“黄鹤楼前月满川”

黄鹤楼的民间传说主要是以故事的形式代代传承的。在大文豪苏东坡的笔下，黄鹤楼的民间传说化作了脍炙人口的诗歌。“黄鹤楼前月满川”，苏东坡用七个字就把在月色皎洁之夜江楼相映的美景表现得淋漓尽致。

要说对后世影响最大的宋代文坛人物，当数苏东坡。苏东坡与父亲苏洵、弟弟苏辙并称为“三苏”。父子三人与唐代的韩愈、柳宗元和宋代的欧阳修、曾巩、王安石被称为“唐宋八大家”。苏轼自幼聪颖好学，父亲苏洵游学四方，母亲程氏教他诵经读史。苏轼非常喜欢《庄子》，他后来的浪漫文风与早年受《庄子》的影响是分不开的。

> 苏轼字子瞻，眉州眉山人。生十年，父洵游学四方，母程氏亲授以书，闻古今成败，辄能语其要。……
>
> 比冠，博通经史，属文日数千言，好贾谊、陆贽书。

既而读《庄子》，叹曰："吾昔有见，口未能言，今见是书，得吾心矣。"

——《宋史》卷三三八

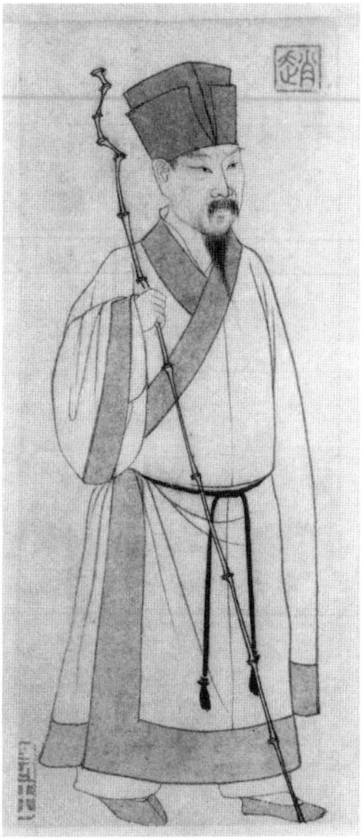
图 4-5　苏东坡画像

"三苏"中苏东坡的文学成就最高，影响也最大。苏轼的词作风格浪漫豪放，影响了后来的辛弃疾，二人被称为"苏辛"。苏东坡不仅文冠文坛，而且书法也达到很高的境界，与黄庭坚、米芾、蔡襄并称为"宋四家"。苏东坡非常热爱美食，自号老饕，写下了饮食美文《老饕赋》，他创制的东坡肉、东坡鱼、东坡肘子等东坡菜至今仍是流行名菜。关于苏东坡的民间传说故事也很多，可以说是数不胜数。

苏轼命运多舛。他与王安石政见不合，反对变法，屡遭贬官。因"乌台诗案"被贬为黄州团练，名为降职，实为软禁。接着又被贬官到了广东的惠州，此后又被发配到荒蛮的海南岛。不过苏东坡的人格就像他的文风一样十分达观，他随遇而安，充分享受生活的美好滋味，在穷困中寻求安逸乐趣的生活态度对后世影响深远。

苏东坡堪称文学史上罕见的奇才。他在黄州期间游览了三国古战场赤壁，写就了《念奴娇·赤壁怀古》与《前赤壁赋》《后赤壁赋》，成为脍炙人口的文学佳作。可令人不解的是，黄鹤楼与赤壁同在黄州周边，论名声黄鹤楼当高于赤壁，喜好游览的苏轼为什么没有留下游览黄鹤楼的游记呢，难道说苏东坡不喜欢黄鹤楼？其实苏东坡是非常向往游览黄鹤楼的，为此他还深感遗憾。他的《李公择求黄鹤楼诗，因记旧所闻于冯当世者》就表明了对黄鹤楼的向往。只是因为自己被软禁在黄州，无法实现亲身只登黄鹤楼的愿望。

黄鹤楼前月满川，抱关老卒饥不眠。夜闻三人笑语言，羽衣着屐响空山。非鬼非人意其仙，石扉三叩声清圆。洞中铿钛落门关，缥缈入石如飞烟。鸡鸣月落风驭还，迎拜稽首愿执鞭。汝非其人骨腥膻，黄金乞得重莫肩。持归包裹敝席毡，夜穿茅屋光射天。里间来观已变迁，似石非石铅非铅。或取而有众忿喧，讼归有司今几年。无功暴得喜欲颠，神人戏汝真可怜。愿君为考然不然，此语可信冯公传。

苏东坡这首七言绝句长达 154 字，每一言都押韵为 an，这在古代诗歌中是很少见的。这首诗描写了一位守门老兵夜间被黄鹤楼神仙戏弄的传说。最后一句苏东坡说，希望读者来考证冯京讲的这个故事的真伪。

李公择就是李常，字公择，他少时读书庐山舍，抄书九千卷。李公择与苏东坡是志同道合的好友，两人遭遇类似，因为反对变法也屡遭贬官。李公择曾做过黄鹤楼下的鄂州知州，苏东坡曾向他询问黄鹤楼的情况，想通过好友对黄鹤楼的描述满足自己神游黄鹤楼的夙愿。

冯当世就是神宗、哲宗两朝的传奇人物冯京，字当世。冯京生于广西宜州，后移居鄂州江夏（今武昌）。他才学出众，不好交结权贵。

冯京字当世，鄂州江夏人。少隽迈不群，举进士，自乡举、

> 礼部以至廷试，皆第一。时犹未娶，张尧佐方负宫掖势，欲妻以女。拥至其家，束之以金带，曰：“此上意也。”顷之，宫中持酒殽来，直出奁具目示之。京笑不视，力辞。
>
> ——《宋史》卷三一七

中国历史上“两娶宰相女，三魁天下元”讲的就是冯京连中三元、两次娶当朝宰相之女的故事。

自隋炀帝开设科举取士到戊戌变法废止科举，中国的科举经历了隋、唐、五代、宋、元、明、清共一千三百多年的历史。其间，连中三元者仅有十三人。三元是指解元、会元和状元。宋代初年，宋太祖赵匡胤进行了科举考试制度改革，把科举考试分为三个级别：解试、省试和殿试。解试由各州负责，考中的称为举人，中举人的第一名称解元。省试在京城礼部举行，只有举人才有资格参加，考中了的称为“贡士”，第一名贡士称为“会元”。殿试是最高级的考试，由皇帝亲自主持，只有贡士才有资格参加，考中了的称为进士，第一名称为“状元”。明代把科举考试分为乡试、省试和殿试三级。先经过童试，就是进入县州府学和国子监等学校学习，称为生员，俗称秀才。只有秀才有资格参加省府举行的乡试，考中的称为举人，第一名称解元。大家熟知的“范进中举”指的就是乡试考中。举人们在乡试的第二年在京城参加礼部主持的会试，考中的称贡生，第一名是会元。贡生们当年就可以参加皇帝主持的殿试，考中的称进士，前三名分别是状元、榜眼和探花，合称“三鼎甲”。因为殿试的榜单用黄纸书写，又称金榜，所以考中的人被称之为“金榜题名”。

宋代重文轻武，皇帝非常重视进士。自宋太祖开科殿试，凡中进士者都称为天子门生，甚至可以官至宰相，所以进士的第一名状元地位很高，仕途平步青云。冯京连中三元，在天子门生中是旷世奇才，宰相把女儿嫁给他也就不足为奇。冯京先后娶当朝宰相王丝之女王文淑与富弼之女富若兰。

但是，很多人把冯京称为马凉。相传冯京在殿试应试时，国丈张尧佐的外甥也参加殿试。张尧佐是神宗爱妃张贵妃的伯父，张贵妃早年丧父，由张尧佐抚养成人，因此之故成为当朝国丈。张尧佐谋划让他的外甥科考中第，以便扩大自己在朝中势力。他请了一位“神机妙算”的法师占卜谁是最大的竞争对手，法师经过占卜测算说是冯姓子弟。深信不疑的张尧佐通过各种手段阻止姓冯的贡生报名参加考试，无奈之下，冯京只好移花接木，把自己姓冯中的两点水移到了名京字上，成为马凉。改名换姓后冯京得以报名考试并一举夺魁，使张尧佐的阴谋诡计彻底落空。

冯京是在黄鹤楼下长大的，所以非常熟悉黄鹤楼的旧闻掌故，因此李常向他求问黄鹤楼的旧闻。

苏东坡另一首与黄鹤楼有关的诗词是《满江红·寄鄂州朱使君寿昌》。

江汉西来，高楼下、蒲萄深碧。犹自带岷峨云浪，锦江春色。君是南山遗爱守，我为剑外思归客。对此间风物岂无情，殷勤说。

《江表传》，君休读。狂处士，真堪惜。空洲对鹦鹉，苇花萧瑟。不独笑书生争底事，曹公黄祖俱飘忽。愿使君还赋谪仙诗，追黄鹤。

这首词是苏东坡在黄州期间写给好友朱寿昌的，描写了黄鹤楼雄伟奇丽的景致。词的上阕通过自己“剑外思归客”与朱寿昌“南山遗爱守”的身世对比，发出“风物岂无情”的感慨。下阕在评点狂士祢衡葬身鹦鹉洲的可悲下场，继而表达自己的追慕黄鹤楼上驾鹤飞仙之情。

据此，有人认为苏东坡登临过黄鹤楼，否则怎么会描写得如此绘声绘色。甚至有人认为黄鹤楼内沈鹏所写的“爽气西来，云雾扫开天地撼；大江东去，波涛洗尽古今愁”对联就出自苏东坡之手。因为这副对联的下联与苏东坡的“大江东去浪淘尽”意境相似。其实，苏东坡没有到过黄鹤楼。他到黄州为官，是因为“乌台诗案”被贬官到黄州，无权签署公文。他只能住在黄州，没有朝廷的允许是不准随便离开的。尽管，武昌离黄州不远，但苏东坡不可能到武昌游玩。苏东坡曾经乘船路过武昌，在黄鹤楼下经过。但是，这次与黄鹤楼是擦肩而过。宋治平三年（1066），他与弟弟苏辙辞官护送父亲苏洵与自己妻子的灵柩回乡。在理学深厚的宋代，士大夫以忠孝为重，重孝在身的苏东坡不可能弃船登上黄鹤楼游玩的。

所以说苏东坡只能抱憾黄鹤楼，但是黄鹤楼毕竟还是出现在他的诗词中，对于黄鹤楼而言，应该无憾了。

五、黄鹤楼上山河梦

当年孙权修建黄鹤楼的初衷是佑护吴国河山。到了宋、金对峙的南宋时期，黄鹤楼激发起以岳飞（1103—1142）为首的爱国之士的故国山河梦。

岳飞是中国历史上著名的爱国将领。他那振聋发聩的“还我河山”激励着多少中华儿女为挽救国家危亡而血洒疆场。岳母在岳飞背后刺“精忠报国”四字已成为爱国主义教育的经典故事。

南宋绍兴四年（1130），岳飞任黄州、复州、汉阳军、德安府制置使，率军西进，收复了汉水重镇郢州（今湖北钟祥），然后分兵北进，连克随州、襄阳，邓州，大败金军与伪齐军，并趁势收复唐州、信阳郡，从而控制长江中游广大地区，打开了与四川、陕西的通路。因为战功赫赫，他被授予清远军节度使。绍兴六年（1132），任湖北、京西路宣抚副使。同年冬，再次击败金与伪齐军的反击，兵临蔡州。绍兴七年（1133），升湖北、京西路宣抚使。

> 赵鼎奏："湖北鄂、岳最为上流要害，乞令飞屯鄂、岳，不惟江西藉其声势，湖、广、江、浙亦获安妥。"乃以随、郢、唐、邓、信阳并为襄阳府路隶飞，飞移屯鄂，授清远军节度使、湖北路、荆、襄、潭州制置使，封武昌县开国子。……
>
> 五年，入觐，封母国夫人；授飞镇宁、崇信军节度使，湖北路、荆襄潭州制置使，进封武昌郡开国侯；又除荆湖南北、襄阳路制置使，神武后军都统制，命招捕杨么。
>
> ——《宋史》卷三六五

岳飞一生有七年时间屯兵武昌，并把府邸设在武昌，因而他留在武汉的遗迹较多。他三次北伐抗击金军都以鄂州作为基地，首次北伐就从鄂州出发。绍兴三年（1133），岳飞第一次北伐取得辉煌的胜利，被宋高宗封为武昌郡开国侯。岳飞对封官加爵并不感兴趣，他唯一的理想是收复旧山河，解救水深火热中的黎民百姓。他回武昌后继续紧锣密鼓地准备第二次北伐，一面接连上书要求继续北上抗金，匡复山河，一面加紧军事训练。

南宋绍兴四年（1134）的一天，他忙里偷闲，与下属沿蛇山拾级而上，来到了黄鹤楼上。岳飞登楼后北望中原，想到山河破碎，人民饱受战火之苦，满怀悲壮地写下了《满江红·登黄鹤楼有感》。

遥望中原，荒烟外、许多城郭。想当年，花遮柳护，凤楼龙阁。万岁山前珠翠绕，蓬壶殿里笙歌作。到而今、铁骑满郊畿，风尘恶。　　兵安在？膏锋锷。民安在？填沟壑。叹江山如故，千村寥落。何日请缨提锐旅，一鞭直渡清河洛。却归来、再续汉阳游，骑黄鹤。

词的上阕描写了当年中原大地花红柳绿、楼阁栉比的安定繁荣景象。而到了南宋时期，在战争的阴霾下，尸殍遍野，千里无鸡鸣。通过今昔对比，岳飞表达了对故国山河的无限热爱。正是这种深沉的爱国爱民之情，激励着岳飞与金军浴血奋战。他强烈反对统治者只顾自己苟且偷生不管人民死活的议和政策，誓要率领精锐的岳家军渡过黄河、洛水，收复中原，在国泰民安后再登黄鹤楼。那时该是怎样的兴致高昂啊！

南宋绍兴十一年（1141），秦桧以“莫须有”的罪名将岳飞陷害致死。孝宗时为岳飞平反昭雪，下令恢复其官职，追谥“武穆”，以礼改葬。当岳飞之子岳霖到鄂州时，鄂州军民哭泣着迎接，表达对岳飞的深切怀念。南宋乾道六年（1170），鄂州民众在武昌立忠烈庙，用来祭祀岳飞。南宋嘉泰四年（1204），岳飞被封为鄂王，忠烈庙改名为鄂王庙（俗称岳庙），庙旁移植有岳飞生前栽植的松柏，被称为岳柏、岳松。元代，统治者压制汉族的民族精神，将鄂王庙拆毁。明正德十四年（1519），在武昌大东门外重建岳王庙（亦称精武庙）。明万历八年（1580）建祠于宾阳门内。清同治初年，岳王庙及岳松、岳柏都被毁掉。

岳飞死后，《满江红·登黄鹤楼有感》的手书墨迹在收藏家手中流传了八百多年，元人谢升孙、宋克，明人文徵明和清人李兆洛都留有跋语。

最早是福建安抚使魏了翁得到了岳飞这首词的手书墨迹，加了跋语后珍藏起来。元代末年，谢升孙获得了魏了翁的这幅藏品，也加上了自己的题跋："似金人废刘豫时，岳飞欲乘机以图中原，而作此以请于朝贵者，可见公为国之忠。"谢升孙认为，岳飞写这首词是为了上书宋高宗赵构，趁金人废除刘豫的良机率军收复中原。

刘豫（1073—1146），字彦游，北宋末历任殿中侍御使、河北西路提点刑狱等职，金兵南下时弃官逃命。南宋建炎二年（1128），他杀死守将向金人投降。建炎四年（1130）九月，被金人立为"大齐"皇帝，建都大名，后迁都汴京（今开封），统治河南、陕西等地，配合金兵进攻南宋。绍兴七年（1137）被金废黜。刘豫被废后，岳飞向高宗上奏，请增加兵力，伺机进军中原。赵构竟然以"末大必折，尾大不掉，古人所戒"为由，断然拒绝了。

元顺帝元统二年（1334），这一墨迹被刻于武昌蛇山黄鹤楼上。谢升孙珍藏了二十多年后，明代书画名家宋克（1327—1387）、文徵明（1470—1559），清代学者李兆洛（1769—1841）先后得到了该墨迹，他们一一题跋珍藏。

20世纪初，这首词公开发表在《国粹学报》上，后由钱汝雯先生收进《宋岳鄂王文集》。近人徐用仪（1893—1962）所编《五千年来中华民族爱国魂》一书的卷首就用这首词，天津大公报社1932年出版。当时正值中华民族危亡之际，徐用仪把岳飞的这首词放在卷首，是借用岳飞"还我河山"的爱国之志激励中华儿女誓死抗日。抗日战争期间，有位爱国人士把这首词岳飞手书墨迹刻石陈列在黄鹤楼旧地，并制成拓片赠给抗战将士，激励国人抗日士气。同时，黄鹤楼遗址旁边，突然立了一块石碑，碑上刻着这首词，词后附有楚南粟培堃写的跋文，并注明此词"系岳武穆手书真迹，殆初屯鄂州时作也"。

图 4-6　岳飞亭

粟培堃和讨伐袁世凯的蔡锷将军是同乡，又是留日同学。蔡锷在桂林督办陆军小学期间，粟培堃是文化教员，李宗仁、白崇禧都是他的学生。后来，他参加了蔡锷发起的护国讨袁运动。民国建立后，他在湖北省政府任职，和家人居住在黄鹤楼下的武昌粮道街。

1937 年，武汉的抗日群众团体在原岳王祠废墟中，清理出一尊明万历十年（1582）四月镌刻的青石碑，碑上有岳武穆遗像和张翼先所撰的四言像赞诗。于是众人推举辛亥首义同志会的胡赘负责筹措资金，修建岳武穆遗像亭，置碑于亭中。亭以碑得名。随即移到蛇山中部顶端，建成“岳武穆遗像亭”（简称“岳飞亭”）供奉，借以表达人民大众坚持抗战、反对投降的爱国热忱。亭坐北朝南，由木石构成。六角攒尖顶上

图 4-7　岳飞雕像

铺着碧兽瓦，单檐向外展开，麻石立柱，看起来十分端庄古朴。亭檐处有一块额，上书孔庚题的“岳武穆遗像亭”六个字，临面的石柱上刻有一副楹联：

撼山抑何易，撼军抑何难，愿忠魂常镇荆湖，护持江汉雄风，大业先从三户起；

文官不爱钱，武官不怕死，奉谠论复兴家国，留得乾坤正气，新猷端自四维张。

不久，日寇侵占武汉，此碑下落不明。新中国成立后，该碑在汉阳发现，已断为两截，现陈列于黄鹤楼碑廊。1992 年，岳飞亭划归黄鹤楼公园管理处，并做了修葺，另外还修建了四座岳飞精忠报国石牌坊、岳飞铜铸塑像、鞠躬柏和大型青砂石浮雕，形成了今天的岳飞景区。

六、“黄鹤楼中醉不知”

在岳飞登楼赋词后不久，黄鹤楼就不知什么原因被毁掉了。在黄鹤楼仅存旧址的时期里，仍然有人来此游览，而且留下了描写登览过程中所闻所感的诗文。“黄鹤楼中醉不知”就出自南宋著名诗人陆游的《黄鹤楼》诗。从诗句的字面意思看，好像是人在黄鹤楼上开怀畅饮喝醉了。其实，那时黄鹤楼已经不存在了，诗人描绘的是在黄鹤楼的神游。黄鹤楼的仙人传说与历史沧桑让诗人神游忘返。

同岳飞一样，陆游也留下了抗金名篇。不同的是，岳飞是令金兵闻风丧胆的名将，陆游则是一生不得志的诗人。陆游的遗诗《示儿》成为传世名篇。

图 4-8　陆游画像

死去元知万事空，但悲不见九州同。王师北定中原日，家祭无忘告乃翁。

出生于书香世家的陆游刚一降生，就因金兵南下举家逃难。他的一生都是在宋、金交战中度过的。受家学影响，陆游自幼聪颖博学，但他的一生充满坎坷。慑于母命，陆游被迫与自幼就青梅竹马的爱妻唐琬“执手相看泪眼”地分离。十年后，满怀忧郁的陆游在沈园碰到了嫁于他人的唐琬。在征得丈夫同意后，唐琬为陆游献上了一杯酒。悲欣交集的陆游在院墙上题下了《钗头凤》后，怅然离去。唐琬读后附上了同名词作《钗头凤》，回家后，郁郁寡欢的她身染疾病，不久就离开了这个让她有爱又恨的人世。二人的爱情悲剧令后人哀婉不已。陆母威逼陆唐二人离婚是因为二人沉浸于儿女之情中，陆游丧失了考取功名、光宗耀祖的仕途大志。然而尽管饱读诗书的陆游才华出众，在科举应试中并不顺利。

1154 年，陆游到京城临安参加科考，位列第一。他的名次在奸相秦桧的孙子秦埙前面，再加上他高谈抗金，秦桧非常忌恨他，复试时便命主考官把他的名字删去。直到秦桧死去，陆游才有科举考取功名的机会。绍兴二十八年（1158），三十四岁的陆游到福州宁德县做了个县丞主簿这样的小吏，不久调入京师，任敕令所删定官。宋孝宗即位后，任命陆游为枢密院编修官，赐进士出身，负责起草法令、文件。

锁厅荐送第一，秦桧孙埙适居其次，桧怒，至罪主司。明年，试礼部，主司复置游前列，桧显黜之，由是为所嫉。桧死，始赴福州宁德簿，以荐者除敕令所删定官。

——《宋史》卷三九五

陆游为官后，一有机会就上书朝廷，苦谏北伐。后来由于北伐失利，加上陆游揭发皇帝亲信结党营私，引起了宋孝宗的不满，先后把他贬到建康、镇江两地任通判。1164 年，主战派张浚举兵北伐，陆游积极参与谋划，提出很多建议。不料初战失利，投降派又重新上台，腐败的朝廷，为向金人表示议和的“诚心”，罢免了张浚。陆游愤然上书，那些投降派乘机给他加上了一个“结交谏官，鼓唱是非，力说张浚用兵”的罪名，陆游被撤职。陆游在家闲居了四年后，又被朝廷征召，任命他为四川夔州府通判，接着又到四川宣抚使王炎部下任干办公事。陆游从家乡去四川赴任路经武昌时，第一次造访了黄鹤楼。

南宋乾道六年（1170），陆游携家眷从浙江山阴起程，乘船沿江而上，去四川夔州赴任。他在去四川的途中，以日记的形式记录沿途风物民情，写就了中国历史上第一部长篇游记《入蜀记》。自八月二十三日至三十日晨，陆游曾在武昌停留了七天，其间登石镜亭、奇章阁，访黄鹤楼故址和吕仙洞。

二十八日，同章冠之秀才甫登石镜亭，访黄鹤楼故址。石镜亭者，石城山一隅，正枕大江，其西与汉阳相对，止隔一水，人物草木可数。……太白诗云：“谁道此水广，狭如一匹练。江夏黄鹤楼，青山汉阳县，大语犹可闻，故人难可见。”形容最妙。……黄鹤楼旧传费祎飞升于此，后忽乘黄鹤来归，故以名楼，号为天下绝景。崔颢诗最传，而太白奇句得于此者尤多。今楼已废，故址亦不复存。问老吏，云在石镜亭、南楼之间，正对鹦鹉洲，犹可想见其地。楼榜李监篆石刻独存。太白登此楼，《送孟浩然》诗云“孤帆远影碧山尽，唯见长江天际流。”盖帆樯映远山尤可观，

> 非江行久不能知也。复与冠之出汉阳门，游仙洞，止是石壁数尺，皆直裂，无洞穴之状。旧传有仙人隐其中，尝启洞出游，老兵遇之，得黄金数饼，后化为石。东坡先生有诗纪其事，初不云所遇何人，且太白固已云：“颇闻列仙人，于此学飞术。一朝向蓬海，千载空石室。”今鄂人谓之吕公洞，盖流俗附会也。有道人澶州人，结庐洞侧，设吕公像其中，洞少南即石镜山麓，粗顽石也，色黄赤皴驳，了不能鉴物，可谓浪得名者。由江滨堤上还船，民居市肆，数里不绝，其间复有巷陌，往来憧憧如织，盖四方商贾所集，而蜀人为多。

陆游认为黄鹤楼成为“天下绝境”主要源于崔颢与李白之间的诗坛斗气。陆游笔下的“访黄鹤楼故址。今楼已废，故址亦不复存”等文句暗示了宋代黄鹤楼已不存在，故址也难寻。据此可推断，宋代黄鹤楼毁于南宋中期。

八年后，南宋淳熙五年（1178）夏，陆游奉召回京又经过武昌，在这里写下了七言古诗《黄鹤楼》：“手把仙人绿玉枝，吾行忽及早秋期。苍龙阙角归何晚，黄鹤楼中醉不知。江汉交流波渺渺，晋唐遗迹草离离。平生最喜听长笛，裂石穿云何处吹。”

据此，有人认为陆游此次游览了新修建的黄鹤楼。这种说法比较牵强，当时正值南宋与金政权对峙时期，朝廷与地方官府疲于战争，不可能修复一座供人游乐的黄鹤楼。再说，在那兵荒马乱、时局不稳的岁月里，又会有多少人有闲情逸致游览黄鹤楼呢？陆游的诗文与当时的历史环境表明此时的黄鹤楼已经荡然无存，他游览的只是黄鹤楼的故址。

七、“月明黄鹤楼”

宋代的黄鹤楼旁有一座“一览亭”。据清同治《江夏县志》记载，亭子建在仙枣亭后、太白堂的左侧。亭子名字来自杜甫《望岳》诗中“会当凌绝顶，一览众山小”句。由此可见，在一览亭处也可以体验“一览众山小”的意境。南宋龙图阁学士王十朋（1112—1171）曾在此亭间写道：“何由登泰山，一快天下览。”意思是说，何必一定要登上泰山去领略登泰山而小天下呢，一览亭上同样也可以快览天下。

王十朋，南宋著名的政治家和诗人，南戏五大传奇之一《荆钗记》讲述的就是王十朋与妻子钱玉莲悲欢离合的故事。王十朋少年时就学通经史，以诗文闻名于乡里，十九岁时写出“北斗城池增王气，东瓯山水发清辉”的名句。同陆游的科举道路类似，由于奸相秦桧当权，科场黑暗，王十朋屡试不第。一直到秦桧死去，四十六岁那年才考中，因为他的策对出色，被钦点为状元。

他力主抗金，上书建议起用抗金将领张浚，遭到主和派的排斥，离京回家。

王十朋以名节闻名于世，刚直不阿，批评朝政，直言不讳。相传他在县学读书时，一位附庸风雅的官员钱百享设法请到王十朋，要他以“钱百享升”四字开头赋诗一首。王十朋推辞不下，写下了一首打油诗：“钱家鱼肉满箩筐，百姓糠菜填饥肠。享福毋忘造众福，升官莫作殃民郎。”其中“升官莫作殃民郎”成为名句，他也是以此作为自己的为官座右铭。王十朋一生清廉，他的夫人贾氏，品行端淑。王十朋夫妇乐善好施，常以清白相勉。南宋隆兴元年（1163），王十朋任职外地，家中十分贫寒却不改志向。他的夫人死在泉州任所，却因为路远无钱将灵柩及时运回家乡，结果灵柩在泉州停放了两年。

图 4-9 王十朋画像

宋孝宗隆兴二年（1164），王十朋主张恢复抗金又被排斥，以集英殿修撰出任饶州知州，一年以后调任四川夔州。两年后，调任湖州。无论是自饶州赴任夔州，还是自夔州移任湖州，都必经夏口。在途经夏口时，他游览了黄鹤楼故址与南楼，写下了《黄鹤楼》：

云锁吕公洞，月明黄鹤楼。抱关非故卒，谁见羽衣游。

为纪念王十朋，1994 年在山北梅园重建一览亭。亭分上、下两层，八角攒尖顶，层檐飞展，叠角高挑，筒瓦脊饰。下层背南朝北，无护栏，东西北贯通；上层朝北面南，从亭至山巅有小石桥通过，东、西、北有石护栏柱。亭高 8.9 米，八根青石柱的间距各为 1.87 米，一、二层的衔接处为精致的菊花石刻雕。此亭依山就势，结构精妙，形体峭拔，特别是位于半山之间，更显光彩照人。四周或古树布荫，或虹桥卧影，或流水琴鸣，画意洋溢，诗情涌动。站在亭间，可鸟瞰山北的自然景色和市区容貌。亭名由诗人贺敬之题写。

八、今古一南楼

在黄鹤楼仅存遗址的岁月里，南楼替代了黄鹤楼，成为人们登楼赏景、宴饮赋诗的游乐胜地。

南楼，也称白云楼、安远楼、瑰月楼、楚观楼等，它与黄鹤楼、头陀寺、北榭并称为古时蛇山的“四大楼台”。最早记载南楼的是南朝宋的刘义庆。《世说新语·容止》载，庾亮秋夜登武昌南楼，与僚佐们洒落不拘地谈笑。不过，当时庾亮所登的南楼不在武昌蛇山，而在今湖北省鄂州市中心的古楼街。

蛇山上的南楼始建年代无考，其兴废沿革及名称变更，地方志书和古代的一些诗文中有所记载。它的诞生至迟不晚于唐代。据元顺帝至正二年（1342）宋民望著《重修南楼记》载：“楼之建虽在武昌置郡后，南之名已定于歧丰肇夏之初矣！”最早将南楼入诗的是李白，“清景南楼夜，风流在武昌”。诗人杜牧在他的《南楼夜》诗中写道：

> 玉管金樽夜不休，如悲昼短惜年流。歌声袅袅澈清夜，月色娟娟当翠楼。

那时的南楼只能是黄鹤楼旁游客娱乐的场所。据清乾隆《江夏县志》载：

> 南楼在黄鹄山顶，宋元祐中，知州方泽重建，自为记。

建中靖国初年再修。乾道初年重建，嘉定年间又修。

南宋词人姜夔《翠楼吟》小序曰："淳熙丙午冬，此楼重建时，一度改名为安远楼。"其实南楼并不是楼，而是蛇山高处的一座平屋。因为位于山的高处，须沿着石梯攀登才能到达，所以称为楼。元代中统、元贞年间重建南楼，但已逐渐失去了昔日风采。明崇祯九年（1636），巡抚宋贤在南楼旧址上修建了白云阁，之后巡抚宋一鹤又移建了阅兵楼。清康熙四十三年（1704）七月南楼焚毁后，总督喻成龙、巡抚刘殿衡再次重建，取名白云楼。乾隆年间，人们在古南楼的遗址上建起斗姥阁。同治十三年（1874），地方官府在斗姥阁的基地上建起官、胡二公祠，纪念湖广总督官文和湖北巡抚胡林翼。清末，地方政府将南楼（俗称鼓楼）下的蛇山打通成洞，使司门口与蛇山之南的长街相通，此洞因之得名"鼓楼洞"。民国初年，湖北军政府都督黎元洪捐资创办养正小学，将南楼作为校舍。1927 年武汉国民政府拆除武昌城墙时，南楼也被拆毁。1936 年，为拓宽长街通道，鼓楼洞被推平。

1985 年黄鹤楼重建开放，为了给游客提供休息和聚会的场所，在公园南区重建新南楼。新南楼背山面南，面阔五间，长 16.5 米，进深三间，宽 7.5 米，高 9.5 米，上下两层。占地 120 余平方米。钢筋水泥仿砖木结构，歇山式顶，重檐飞角，青瓦朱楹，前加抱厦，六根圆柱，轩敞明洁。梁檩柱础，装配严密，格窗板门，朴素典雅，既保存了古迹风貌，又具有时代新意。正面檐下悬挂着王篷常所书的"今古一南楼"大字匾额。

南宋初年，南楼名声大振，成为鄂州（今武昌）著名的旅游胜地，骚人墨客竞相吟唱，留下了许多名篇佳句，张孝祥、辛弃疾、刘过、姜夔、戴复古、文天祥等诸多人都吟咏过南楼。

图 4-10　南楼

陆游去四川路过武昌时，在造访黄鹤楼故址的前一日游览了黄鹄山上的南楼。

> 二十七日，郡集于南楼。在仪门之南石城上，一曰黄鹤山。制度闳伟，登望尤胜，下瞰南湖，荷叶弥望。中为桥曰“广平”，其上皆列肆，有水阁极佳，但以卖酒，不可往。

他认为，南楼是鄂州众多楼阁中把江山风光融合得最好的。

九、“鄂州南楼天下无”

“鄂州南楼天下无”，此语出自北宋著名文学家、书法家黄庭坚

图 4-11　黄庭坚画像

之手。黄庭坚（1045—1105），字鲁直，自号山谷道人，晚号涪翁，又称豫章黄先生，洪州分宁（今江西九江）人。黄庭坚的舅舅李常和苏轼是好友，所以他早年受教于苏轼，与张耒、晁补之、秦观并称为“苏门四学士”，与苏轼并称为“苏黄”。黄庭坚是江西诗派的开山鼻祖，他的诗风奇崛瘦硬，开一代风气。他的书法造诣很高，与苏东坡、米芾、蔡襄并称为“宋四家”。

黄庭坚受父亲、舅父李常与两位岳父的影响，诗学杜甫，重于写实。他生性耿直，讲求史实。他在《神宗实录》中直书“用铁龙爪治河，同儿戏耳”，被新党诬陷为“失实”，因为这种记录有损皇威而屡遭贬官，最终客死在广西宜州贬所。

宋徽宗崇宁二年（1103），黄庭坚以幸灾谤国之罪除名，羁管于广西宜州，途中在鄂州逗留了一年多。其间，他多次登上南楼，留下了《鄂州南楼书事四首》，用他那奇崛瘦硬的诗歌描述了南楼的优美景色。

其　一

四顾山光接水光，凭阑十里芰荷香。清风明月无人管，并作南来一味凉。

其　二

画阁传觞容十客，透风透月两明轩。南楼襞礴三百尺，天上云居不足言。

其　三

势压湖南可长雄，胸吞云梦略从容。北船未尝睹巨丽，复阁重楼天际逢。

其　四

武昌参佐幕中画，我亦来追六月凉。老子平生殊不浅，诸君少住对胡床。

其一描写了南楼风光的静雅秀美，其二描写了南楼的高耸入云，其三是对南楼雄伟之美的传神表达，其四则是借南楼之景表达心志。他对南楼的感情在《庭坚以去岁九月至鄂登南楼叹其制作之美成长》中表达得淋漓尽致。

江东湖北行画图，鄂州南楼天下无。高明广深势合抱，表里江山来画阁。雪筵披襟夏簟寒，胸吞云梦何足言。庾公风流冷似铁，谁其继之方公悦。

十、“黄鹤飞来识旧游”

南楼位于黄鹤楼不远处的黄鹤山头，尽管它没有黄鹤楼那么声名显赫，但风光宜人。登上南楼，四周江山胜景尽收眼底，在黄鹤楼被毁期间成为替代黄鹤楼供人们游乐宴饮的绝佳场所。文人墨客们以登上南楼为荣，认为这是人生中的幸运之事，以描写乡村农事风光著称的南宋诗人范成大就是其中之一。

范成大（1126—1193），字至能，晚号石湖居士。他父母早亡，家境贫寒，在宋高宗绍兴二十四年（1154）考中进士，历任静江、咸都、建康等地行政长官。淳熙五年（1178），拜参知政事，因与宋孝宗意见不合，两个月后就辞官归乡，晚年隐居故乡石湖。范成大素有文名，尤工于诗，与尤袤、杨万里、陆游齐名，合称南宋“中兴四大诗人”。他

图 4-12 范成大画像

早年从黄庭坚的江西诗派入手学习诗文，转而学习中、晚唐诗风，继承了白居易、王建、张籍等诗人新乐府的现实主义精神，终于自成一家。其作品风格平易浅显，清新质朴，题材广泛，以反映农村社会生活内容的作品成就为最高。范成大的诗作在清代初期影响颇大，有“家剑南而户石湖”之说，剑南指代陆游，石湖指的是范成大。

南宋淳熙四年（1177）五月，范成大因病辞去四川制置使一职，乘舟东去于八月十四日到达了鄂州，十五日晚参加了知州刘邦翰设于南楼的赏月宴会。范成大在《吴船录》中记载：

> 天无纤云，月色甚奇，江面如练，空水吞吐，平生所遇中秋佳月，似此夕亦有数。况复修南楼故事，老子于此兴复不浅也……乐府诗一篇，俾鄂人传之。

这首诗就是《鄂州南楼》：

> 谁将玉笛弄中秋，黄鹤飞来识旧游。汉树有情横北渚，蜀江无语抱南楼。烛天灯火三更市，摇月旌旗万里舟。却笑鲈江垂钓手，武昌鱼好更淹留。

此时的范成大已是知天命之年，回忆十年来每年都在不同的地方度过这个本应合家团圆的中秋节，南楼的中秋宴会是最美好的，但梁园虽好，终非久居之乡。南楼的澄空明月、美酒佳肴并没有让他欢欣喜悦，而是清愁依旧。其中的“今古一南楼”成为南楼的匾额，至今仍悬于南楼檐下。

十一、“可惜南楼佳处”

宋、金交战之际的南楼，不再仅仅是人们登临饱览风光的游乐场所，更是有志之士“指点江山，激扬文字”之地。当年，壮志未酬的辛弃疾就留下了“可惜南楼佳处，风月已凄凉”的感叹。

辛弃疾（1140—1207），字坦夫，后改字幼安，号稼轩，是南宋著名爱国词人。他文韬武略，不仅留下了600多首铿锵豪放的爱国诗词，还身先士卒，驰骋沙场，因与苏轼同属于豪放派而被称为“苏辛”。他与著名女词人李清照同属历城（济南）人。李清照（1084—约1155），号易安居士，是婉约词派代表。清代神韵派大师王士禛称李易安与辛幼安为“济南二安”，“婉约以易安为宗，豪放为幼安称首”。

辛弃疾是南宋著名的抗金将领，一生以恢复故国为志。他上书《美芹十论》和《九议》，阐述自己的抗金复国策略。尽管他的上书在民间广为传诵，主张议和的朝廷对此却反应冷漠。他的《破阵子·为陈同甫赋壮词以寄之》一词也许最能表达他抗金建议不被采纳的无奈。

> 醉里挑灯看剑，梦回吹角连营。八百里分麾下炙，五十弦翻塞外声。沙场秋点兵。马作的卢飞快，弓如霹雳弦惊。了却君王天下事，赢得生前身后名。可怜白发生！

但是直至抱恨病逝，辛弃疾也没有“了却君王天下事”，不过他的爱国热情与豪放的诗词作品为他“赢得生前身后名”。

南宋淳熙六年（1179），任期只一年的湖北转运副使辛弃疾奉旨漕移湖南，调任湖南转运副使。辛弃疾明知这是朝廷阻止他抗金之举，但是他只得从命。临走时，湖北转运使王正之、湖光总领周嗣武、鄂州知州赵善括等地方官员在南楼置酒设宴为辛弃疾饯行。席间辛弃疾悲愤交加地写下了《水调歌头·淳熙己亥，自湖北漕移湖南，周总领、王漕、赵守置酒南楼，席上留别》。

折尽武昌柳，挂席上潇湘。二年鱼鸟江上，笑我往来忙。富贵何时休问，离别中年堪恨，憔悴鬓成霜。丝竹陶写耳，急羽且飞觞。　　序兰亭，歌赤壁，绣衣香。使君千骑鼓吹，风采汉侯王。莫把骊驹频唱，可惜南楼佳处，风月已凄凉。在家贫亦好，此语试平章。

辛弃疾将要离别武昌，前往潇湘湖南任职。抗金大志不得施展，使辛弃疾“憔悴鬓成霜”。可惜的是南楼这个风景绝佳之地，风月已凄凉。此时虽然面前满桌美味佳肴，南楼风景无限，但是辛弃疾的内心无限凄凉。

十二、“此地宜有词仙”

大凡风景名胜地，往往或具有奇特的自然风光，或具有丰富的文化内涵。南楼二者兼具，成为人们争先观赏的名胜地。人们往往呼朋唤友，结伴游览南楼——一处适宜以文会友的游览名胜。文人墨客们在欣赏着迷人的景观的时候，文思涌动，挥毫泼墨，把南楼的风光与文化化作文采斐然的辞章。南宋著名词人姜夔在游览南楼时，禁不住发出了“此地宜有词仙”的赞叹。姜夔精于诗词文墨、琴棋，留有诗词、诗论、乐书、字书、杂录等多种著作，他的诗作得到了杨万里、范成大、辛弃疾等人的欣赏。

淳熙十三年（1186）秋，姜夔正住在汉阳府汉川县的姐姐家。入冬以后，武昌黄鹤山上建起了一座安远楼——南楼的别称。为参加落成典礼，姜夔携友人刘去非一同去游观，并谱写了《翠楼吟曲》记述了这件事。十年后，刘去非在汉阳江边听到歌女咏唱此曲，昔日情景，如在目前，于是便告诉了歌女该曲的产生过程。姜夔得知这一消息后，深受感

图 4-13 姜夔画像

动，于是，便为此曲补写了词序《翠楼吟·武昌安远楼成》：

> 月冷龙沙，尘清虎落，今年汉酺初赐。新翻胡部曲，听毡幕元戎歌吹。层楼高峙。看槛曲萦红，檐牙飞翠。人姝丽，粉香吹下，夜寒风细。　　此地宜有词仙，拥素云黄鹤，与君游戏。玉梯凝望久，叹芳草萋萋千里。天涯情味。仗酒祓清愁，花销英气。西山外，晚来还卷，一帘秋霁。

姜夔的一些诗词与歌女有关，相传这源于他与一位歌女的不解之情。据夏承焘先生考证，姜夔在合肥有过一位恋人，他的许多词都是写给这位恋人的。姜夔早年曾客居合肥，与一对善弹琵琶的姊妹相遇。并与其中一位暗生情愫。但是姜夔虽然能词善曲却穷困潦倒，迫于生计，他不得不游食四方，自然无法与这位情志相投的意中人厮守终老。这也给才高多情的姜夔留下了终生遗憾。

第五章
元代黄鹤楼

元至元八年（1271），蒙古大汗忽必烈公布《建国号诏》法令，建国号为“大元”，取《易经》中“大哉乾元”“天生万物”之意。自1271年至1368年朱元璋推翻元政权，元朝存续九十七年。

关于元代黄鹤楼，有两种观点并存。一种认为元代不存在黄鹤楼，因为元代史籍中找不到有关黄鹤楼兴废存亡的记载。宋民望所撰的《重建南楼记》仅记录了元代重建南楼的经过，对邻近的黄鹤楼只字未提。另外，元末朱元璋在蛇山接受高观山守城将领陈理、张定边的投降，也没留下游赏黄鹤楼的只言片语。据此，很多人认为元代没有黄鹤楼。另一种观点与此相反，认为元代重修了黄鹤楼。依据的是元代黄鹤楼画图和元代文人的黄鹤楼诗文。元代夏永画有《黄鹤楼图》，山西永乐宫混成殿壁画《武昌货墨》中也绘有黄鹤楼。

一、画图中的黄鹤楼

元代的两幅画中绘有黄鹤楼，其中一幅是夏永的《黄鹤楼图》。

夏永，字明远，钱塘（今浙江杭州）人，元代著名画家，生卒年不详，尤擅长宫殿楼阁界画。有趣的是，他的传世名作恰恰是江南三大名楼《黄鹤楼图》《岳阳楼图》和《滕王阁图》，他的画作成为研究元代

图 5-1　夏永绘《黄鹤楼图》

三大名楼的珍贵资料，清代咸丰年间刊刻的《花间笑语》评论他的画作是“细若蚊睫，侔于鬼工”。

夏永所作界画《黄鹤楼图》现存两幅，上海市博物馆与故宫博物院各收藏一幅。两画的画面仅人物布局稍有差异，因此可断定是在不同时间内或从不同角度所作。

画中的黄鹤楼有围墙环绕，围墙山脊两侧的斜坡上覆盖着瓦当。入门处台阶两侧是两棵高大的垂柳，门前到城墙之间是宽阔的空地。门厅对面是一座堂庑，堂庑门上有门环、门钉，周围绿树掩映。过了门厅又是一座堂庑，穿过堂庑便来到黄鹤楼前。楼高两层，位于平台之上，分两重，飞檐翘角，出有抱厦，抱厦四周饰有彩画。下层狭长，在下层楼顶的中间筑有一座方形酒楼，楼层之间用斗拱承托。酒楼是重檐庑殿顶，顶脊两端饰有鸱吻，斜脊上饰有脊脚兽。黄鹤楼面向江洲，周围有垂柳等高大的树木，远处山顶上有一浮屠，江面上船只来往。从周边环境看，与武昌十分相符。总体上看，元代黄鹤楼比宋代规模小，形制简单，但注意到运用植物造景，斗拱比宋楼更为复杂，作用也更大。

元代的黄鹤楼诗词文曲与夏永的画图相互映衬，描绘了黄鹤楼的独特景观。

> 業業乎黄鹤之楼兮，突起乎天之东南。吾不知其几百尺兮，踞石磴而仰望，眩金碧之眈眈。
>
> ——陈孚《黄鹤楼歌》

诗句首次提及黄鹤楼位于东南方，整栋楼金碧辉煌。元代汤氏在他的元曲《[南吕]一枝花·黄鹤楼》中说：

> 丹青再创新。架飞楹联走拱不下班倕，敞天窗攒藻井堪攀义轸。
>
> [梁州]龟背织朱帘闪闪，鸳翎瓮碧瓦鳞鳞。雕栏一目天之尽。

该曲生动地描述了重建黄鹤楼时的情景，架飞楹、联走拱、做抱厦、造天窗、做藻井，红色的帘帐闪闪发光，绿瓦鳞鳞，雕梁画栋。

另一幅就是山西永乐宫混成殿壁画《武昌货墨》。

山西永乐宫，位于山西省芮城县的龙泉村，是全国重点文物保护单位。永乐宫始建于元代，原址位于芮城西南的黄河北岸，相传该地是八仙之一纯阳子吕洞宾的家乡，所以永乐宫又称大纯阳万寿宫。1959年，那里要修建三门峡水库，永乐宫正好位于计划中的蓄水区，整体搬迁到了现在的位置。永乐宫以大殿内的壁画而闻名于世，不仅是中国绘画史上的一朵奇葩，在世界绘画史上也是罕见的鸿篇巨制。整个壁画共有

1000平方米，分布于无极殿、三清殿、混成殿和重阳殿。

混成殿（又作纯阳殿）内的壁画呈现的是纯阳子吕洞宾武昌货墨的故事。画中黄鹤楼的顶子与宋楼一样，但斗拱演化成为柱头拱，门窗演变为竖长方形的漏窗。楼高两层，楼层之间用斗拱承托。楼为单体建筑，没有宋时的亭台轩廊。楼前有一观景高台，楼的上层与观景台有复道相连。从建筑风格上看，画中黄鹤楼偏向于北方建筑，周边环境也与武昌不相符合。

黄鹤楼有多个民间故事与吕洞宾有关，吕洞宾武昌货墨的故事是其中之一。传说吕洞宾出外云游总喜欢扮成各种身份，一天吕洞宾来到武昌城黄鹤楼下，扮成一个卖墨的商人，他手拿两块一寸多长的墨，在街上叫卖。他的要价高达三千文钱，一连几天都卖不出去，人们都笑他贪财心切。有个姓王的人说："墨虽小而价高，一定别有缘故。"于是就花了三千文钱买了一个，众人都笑他傻，他却不在乎。回家后，他和客人们喝酒一直到深夜。突然，有人敲门，他开门一看，原来是白天卖墨的人，商人把三千文钱还给了他，什么也不说就走了。他觉得很奇怪，到天亮一看，原来是块紫金，上面写着"吕"字。这时他才恍然大悟，原来是吕祖下凡，于是到处寻找，却再也找不到了。

二、"石城涌高楼"

元代时，宋代石城山（今蛇山）改称高观山，取义"高观枕流""高可瞻远"，在山顶修建了高观山守城。高观山守城是用石头建造的，称为石城。位于城西南角的黄鹤楼好像石城之上涌出的一座楼阁，所以郝经有"石城涌高楼"之句。

郝经（1223—1275），字伯常，祖籍泽州（今山西晋城市）人，元初著名大儒，著述颇多，后人把他的诗歌、散文合编成《陵川集》。郝经在理学、史学、文学、诗歌、政治学、军事学乃至天文星象等方面均有很高的造诣，元好问称其“挺然一气，立于天地之间盖亦鲜矣”。郝经反对三代以来的中原为华、周边少数民族为蛮夷的“华夷之辨”，推崇“四海一家”的思想，主张天下一统。

郝经的长诗《黄鹤楼》证明元代初期黄鹤楼就存在，其诗中对黄鹤楼的描述可与画图中的黄鹤楼相互印证。

> 江汉天西倾，断岸蹙寒雪。石城涌高楼，瞰临势悬绝。云梦吞八九，沅湘在眉睫。层轩掩石镜，更欲压大别。千帆落山颠，万樯拥舟楫。中天卷晴岚，不与世人接。飘渺多飞仙，超摇有遗迹。前缶黄鹤来，重与添颜色。丹梯插晴空，万丈生金碧。闻说吕洞宾，题诗满新壁。至今起香雾，怪字人不识。仙语龙蛇乱，醉墨江山湿。有时横长笛，吹落汉阳月。洞庭与彭蠡，一声忽穿彻。我方溷戎马，对面兵尘隔。焉能载酒上，云间觅仙客。当年秃发翁，几度呼李白。不见狂处士，亦为重嗟惜。高贤共长住，矫矫不可得。落月听江声，西风冷萧索。

由《黄鹤楼》诗可知，黄鹤楼位于长江汉水的东面。元代在蛇山的山顶修建了高观山守城。元代的黄鹤楼仍然高大雄伟，气吞云梦，远观湖湘，站在楼上好像在远离人世间的云天之中。从“层轩”二字可知黄鹤楼高两层，“大别”指的不是今天的大别山而是黄鹄山，黄鹄山别称大别山。“丹梯插晴空，万丈生金碧。”说明黄鹤楼上层与观景台之间的复道是红色的，黄鹤楼顶覆盖着金碧辉煌的琉璃瓦。诗中运用了吕洞宾题诗石照洞的典故。诗人首次把江南三大名楼联系起来，黄鹤楼前的笛声可以响彻洞庭湖前的岳阳楼和鄱阳湖畔的滕王阁。彭蠡就是彭蠡湖，鄱阳湖古称彭蠡湖，这里的洞庭与彭蠡是指代岳阳楼与滕王阁。“我方溷戎

图 5-2　忽必烈画像

马，对面兵尘隔”，说的是令郝经痛心疾首的“南囚十六年”的经历。

忽必烈称帝招致一些蒙古贵族的反对，所以他希望南宋能与元和平对峙。忽必烈还是藩王的时候，曾经与南宋丞相贾似道有过“君子协议”，约定南宋割地、称臣并缴纳岁币。此时，忽必烈希望与南宋正式达成议和，主张“天下一统”的郝经被选为国信使去与南宋商谈议和之事。郝经出使之前，曾有朋友提出此行凶多吉少，劝他勿去。“道济天下”的郝经为了当时江淮一带的百姓不再遭受兵灾之苦，不顾危险，前去议和。结果不幸被友人料中，他真成了阶下囚。

郝经到了真州（今江苏仪征），就先派副使带信给贾似道。当初贾似道与忽必烈的“君子协议”是背着南宋皇帝做的承诺，听说郝经要到都城临安来，贾似道担心自己的骗局露馅，赶快派人把郝经扣押起来。郝经在江南做囚徒长达十六年，一直到伯颜大军渡过长江，宋朝到了亡国的边缘，才把郝经送还。郝经在南方受尽折磨，释放后尽管得到很好的调养，但是只过了一年就去世了，谥号文忠。临终之时，郝经手书“天风海涛”四字，表达了他“万言修好安南北，一片赤诚付东流”的悲凉心情。

> 经至宿州，遣副使刘仁杰、参议高翱请入国日期，不报。遗书宰相及淮帅李庭芝，庭芝复书果疑经，而贾似道方以却敌为功，恐经至谋泄，竟馆经真州。经乃上表宋主曰：“愿附鲁连之义，排难解纷；岂知唐俭之徒，款兵误国。”又数上书宋主及宰执，极陈战和利害，且请入见及归国，皆不报。驿吏棘垣钥户，昼夜守逻，欲以动经，经不屈。经待下素严，又久羁困，下多怨者。经谕曰：“向受命不进，我之罪也。一入宋境，死生进退，听其在彼，我终不能屈身辱命。汝等不幸，宜忍以待之，我观宋祚将不久矣。”居七年，从者怒斗，死者数人，经独与六人处别馆。又九年，丞相伯颜奉诏南伐，帝遣礼部尚书中都海牙及经弟行枢密院都事郝庸入宋，问执行人之罪，宋惧，遣总管段佑以礼送经归。贾似道之谋既泄，寻亦窜死。经归道病，帝敕枢密院及尚医近侍迎劳，所过父老瞻望流涕。
>
> ——《元史》卷一五七

后人把他与汉代出使匈奴的苏武相比，称他为“元代的苏武”。元末明初诗人王逢的诗句“雪霜苏武节，江海魏牟心”，就是对郝经的高度评价。

三、黄鹤楼高近星汉

元代黄鹤楼虽然位置改在了城的西南角，但仍然位于山巅。“石城涌高楼”，表明黄鹤楼高过了高观山上的守城。黄鹤楼的自然位置与文化地位使它在人们心中更加高不可测。拾级而上，仰望黄鹤高楼，好像是半在人间半在天。登上黄鹤楼，苍天如同近在咫尺，星辰就在眼前。正如元代文学家陈孚所描绘的那样，黄鹤楼高近星汉。

陈孚（1259—1309），字刚中，号勿庵，浙江临海人，“幼清峻颖悟，读书过目辄成诵，终身不忘”。至元二十二年（1285），陈孚以平民之身，将所作的《大一统赋》献给了忽必烈，推崇儒学的忽必烈很是欣赏，任命陈孚为临海上蔡书院山长，任满后升翰林国史院编修官。至元二十九年(1292)，忽必烈任命陈孚为五品副使，随梁肃出使安南(越南)。按当时安南接待中国使者的礼节，安南世子要开城的中门并且亲往郊外迎候。但是，安南世子陈日燇以守孝为由，只开边门，派大臣前去迎接。陈孚对安南国这种不合礼节的行为极为气愤，立即返回使馆，连续给安南世子写了三封信，迫使对方按正常邦交礼仪接待。

陈孚的文学成就比他的政治业绩影响更大。《元史》称他“天才过人，性任侠不羁，其为诗文，大抵援笔即成，不事雕斫。”明张纶言在《林泉随笔》中评论道：“陈刚中之诗豪迈卓异，每每惊人。”陈孚的《登黄鹤楼》和《黄鹤楼歌》就体现了豪迈卓异、善用典故的风格。他的《登黄鹤楼》写道：

> 黄鹤楼前木叶黄，白云飞尽岸茫茫。橹声摇月归巫峡，灯影随潮过汉阳。庾令有尘污汗简，祢生无土盖文章。阑干空有当年柳，留与行人说武昌。

“阑干空有当年柳”，证明了夏永画中的黄鹤楼周围垂柳依依的真实性。“庾令”指的是南朝文学名家庾信，他曾做过建康令，故称庾令。祢生指的是祢衡。庾信登过黄鹄矶，祢衡身葬鹦鹉洲，都与黄鹤楼有关。

陈孚用瑰丽的语言、奇特的想象，写成三百多字的《黄鹤楼歌》：

> 嶪嶪乎黄鹤之楼兮，突起乎天之东南。吾不知其几百尺兮，踞石磴而仰望，眩金碧之眈眈。手扪星汉如可近，但见天飙吹发寒鬖鬖。瞿唐三峡之波涛，汹涌訇击而下兮，雷声怒撼乎江潭。忽绕城以北汇，净若万顷之青蓝。楚山数点鸾腾蛟跃兮，碧影倒浸乎烟岚。残霞似落未落兮，蒲猎猎以风偃，柳袅袅以露含。武昌亭台一十万，瓦光参差浮楩楠。下视十二之衢兮，袨服士女，东西行者，蕤蠕蠕之吴蚕。黄鹤之仙人，霓歌青瑶篸。御绛旌于列缺倒景兮，偶见我以大笑，欲驻我之征骖。攀东溟之博罗曜，折西极之优钵昙。饮我以蒲萄鸭头之绿兮，侑我以洞庭之苍柑。洞庭帝子鼓轩辕之瑟兮，舞干戚而撞宫函。白也挟赤鲸以旁睨，崔颢怩缩而不敢以谈。浩浩乎万丈之气兮，长虹横空，夭矫而方酣。下蟠黄之舆，上斡玄之堪。安得挽招摇以酌元气兮，妙太极而函三？慨彼在晋如焚如惔。陶司马之狂悖，庾太令之贪惏。鹦鹉之洲何罪而戮，赤壁之矶何功而戡。吾岂若二三子，斫昆仑之璞兮，轻蹈夫太阿之镡。飞来兮黄鹤，跨汝从兮彭聃。

四、赏玩雅兴黄鹤楼

元灭南宋后，众多汉族知识分子采取了消极对抗的对策，隐逸山林，情系山水。元代统治者推行民族分化政策压制汉人，更激起汉族

图 5-3　元代黄鹤楼模型

文人的愤怒，迫于形势，他们只能在山水间忘情抒愤。黄鹤楼作为唐代以来文人雅士游宴抒情的风景名胜，成为他们的选择。从黄鹤楼的规制、位置及修筑记载来看，元代黄鹤楼不是官修而是文人士绅出资所建，这也是黄鹤楼不见于元代史籍而频频出于文人诗文中的重要原因。黄鹤楼修建的直接原因是恢复黄鹤楼的游赏功能，为人们提供一处游观赏景的去处。

有时横长笛，吹落汉阳月。洞庭与彭蠡，一生忽穿彻。我方溷戎马，对面兵尘隔。焉能载酒上，云间觅仙客。

——郝经《黄鹤楼》

国破朝换，入仕元廷的郝经，韬光养晦，忍着国破之痛和逆臣贼子的骂名寻求匡复河山的机遇。登上这座往昔抒发离愁别绪的黄鹤楼，自己内心的苦愁和抱负禁不住涌露笔端。陈孚的《登黄鹤楼》道：“阑干空有当年柳，留与行人说武昌。”阑干依旧树依旧，只是江山已改，人去楼空。往日登楼时的欢情变成行人对武昌历史记忆的述说。陈孚非常敬畏博闻强识、文雄天下的冯子振。冯的“昨日英雄无问处，依然江汉涌波澜”与刘诜的“孙曹百战何在，大江千载狂澜”，表达的都是长江千百年来依然波澜汹涌，而当年江边勇不可当的英雄们随时光而逝、无处寻觅的遗憾。

以文修身的文人渴望能像当年的英雄们一样恢复前朝，表达的是对前朝故国的深深眷恋。在元代这个少数民族政权统治中国时期，由于文化传统的差异、民族观念的根深蒂固，广大汉族知识分子远离政治。黄鹤楼成为他们寻求寄托，宣泄“国破家亡”而备受歧视的愤懑，抒发恢复旧山河雄伟抱负的场所。

可惜的是，元代黄鹤楼在元末被毁，由于文献资料的缺乏，难以确定其毁没原因。明代方孝孺的《书黄鹤楼卷后》载：“元末诸侯只相持，武昌莽为盗区，屠伤杀戮至于鸡犬，求尺木寸垣于颓城败垒间而不可得，天下之乱极矣！”从方孝孺的记载来看，黄鹤楼毁于元末的武昌战乱中。元代黄鹤楼虽然毁掉了，但是元代修建于黄鹤楼旁的胜像宝塔至今仍存。

五、广乐园中胜像塔

元代地方实行的是行省制。黄鹤楼所在的鄂州隶属于湖广行省的鄂州路，后来改为武昌路，鄂州城改称武昌城，是湖广行省与武昌路的行政中心。忽必烈先是封儿子脱欢为镇南王，镇守武昌，后来脱欢的儿子宽彻普化成为坐镇武昌的威顺王。宽彻普化在武昌期间，贪图享乐，搜刮百姓，在蛇山上修建了广乐园供自己消遣玩乐。今天已无法知道广乐园的具体位置，但是修建于元惠宗至正三年（1343）的胜像宝塔依然屹立在黄鹤楼旁。

胜像宝塔又称宝像塔、孔明灯，为威顺王宽彻普化的儿子所建，用以供奉舍利和安放佛教法物，是一座大型菩提佛塔，分为地、水、火、风、空五轮，所以又称“五轮塔”。“五轮塔”一词，见于《大藏经》中，由天竺国善无畏三藏和尚译出。善无畏（637—735），东印度乌荼国人。唐开元四年（716），经中亚至长安，唐玄宗礼封他为国师。翌年，奉诏在菩提寺翻译佛经。

地、水、火、风、火、空是五轮的种子。地轮之上有水轮，水轮之上有火轮，火轮之上有风轮，风轮之上有空轮。空轮之中想憾字，意思是世界由地、水、火、风、空五大元素构成，五轮塔就是一个微型世界。

胜像宝塔属于喇嘛塔式的白塔。白塔是藏传佛教喇嘛教的产物。蒙古族信奉喇嘛教，元代时期，喇嘛教在内地也十分流行，各地喇嘛教寺院中大多修建有白塔。威顺王宽彻普化的世子是蒙古贵族，信奉喇嘛教，他为了尊教拜佛，修建了这座白塔。宝塔原在武汉市蛇山西端黄鹤楼前，虽然不算高大，但长江来往船只远远就能望见它。又因它形似灯笼，所以有“孔明灯”的称号。1955 年，该塔因建武汉长江大桥而拆迁，1957 年在引桥东头复原，今位于蛇山。

胜像宝塔是典型的元代覆钵式塔。覆钵式塔，是藏传佛教的塔，主要流行于南亚的印度、尼泊尔，中国的西藏、青海、甘肃、内蒙古等地区，直接来源于印度的窣堵坡，覆钵式塔的造型与印度的窣堵坡基本相同。覆钵式塔的造型早在北魏时期的云冈石窟中就出现了，早期流入中国西藏，从西藏流传到其他地区。元代随着喇嘛教的兴盛，覆钵塔再一次传入内地，开始大量在汉民族地区出现。覆钵式塔是一重实心的建筑，供崇拜之用，被用作舍利塔，还可做僧人的墓塔，其形体大小不一。全国现存最大的覆钵式塔是建于元代的北京妙应寺（白塔寺）白塔。

胜像宝塔总高 9.36 米，由塔座、塔身、塔刹三部分组成，秀美端

图 5-4　清代的胜像宝塔

庄，古色古香，部分用石砌成，塔室则砖石混用。塔基分上、下两层，下层为边角镶石的三层平台，上层是双层须弥座，雕有精美的莲花座台。须弥座上部雕刻有笙、箫、琴、瑟等古代乐器，有珍贵的历史价值。但由于长年的风化，现在已经模糊不清，很难辨认。塔座是须弥座，呈十字折角形，四周分别雕刻有精巧的云神、水兽、莲瓣、金刚杵、梵文等装饰。须弥座又称“金刚座”“须弥坛”，源自印度，是安置佛、菩萨像的台座。须弥是指须弥山，在佛教中，须弥山是世界的中心，用须弥山作基座是用来显示佛的神圣伟大。中国最早的须弥座出现在北魏的云冈石窟中。

胜像宝塔室内为中空式，全部密封，没有地宫。该塔曾打开过，塔心内有石幢一个，高 1.03 米，下为圆座，幢身八角形，顶刻各种莲花装饰，雕刻精巧。塔室内还发现一个铜瓶，瓶底刻有“洪武二十七年岁在甲戌九月乙卯谨志”十六个字。

塔身为素洁的覆钵体，四面有砖雕的拱券门和半圆形雕窗。拱券门上的匾额分别是南面“胜像宝塔”、东面“镇静皇图”、北面“真慈洪范”、西面“辉腾日月”。每层有佛龛 24 个，原供奉铜佛 312 尊。门窗两侧塑有金刚力士像，这些塑像历经风雨，如今都露出了木芯。塔身各处布满砖雕和泥塑人物像均遭到严重风化，但仍可辨出当年威武雄浑、俊美生动的风采。胜像宝塔檐角原挂有风铃 3000 多枚。在古代，把铃铛挂在寺庙的屋檐上主要是为了驱邪。

胜像宝塔塔顶为鎏金莲珠塔刹。塔刹的基座也为须弥座形，刹身相轮十三层，上刻莲瓣承托石刻宝盖，下面刻“八宝”花纹。刹顶为铁制宝瓶。相轮是五轮塔刹的金属部分的总称，从上到下依次是宝珠、龙车、水烟、九轮、受花（请花）、伏钵、露盘。贯通中间的棒叫作“擦”，也称为刹管。宝珠是最重要的部分，装有佛舍利；龙车是高贵者坐的，代表佛的神圣高贵；水烟代表着避免火灾；九轮也称为宝轮，代表五智如来和四菩萨，即大日如来（中心佛）、阿闳如来（东方佛）、宝生如来（南方佛）、阿弥陀如来（西方佛）、不成空就如来（北方佛）以及普贤菩萨、文殊菩萨、观音菩萨、弥勒菩萨；受花是用于装饰的基台；露盘是伏钵的土台。由下至上仰望，密檐逐层缓缓上收，檐下砖雕的斗拱层层支护，直到塔顶。塔身稳固美观，遮而不露。清乾隆皇帝在位时曾对胜像宝塔进行过精心修缮，所以宝塔可以矗立至今。

1956 年 10 月，胜像宝塔被定为湖北省第一批重点文物保护单位。胜像宝塔北面有两块明万历年间的石碑，左侧为紫竹观音像（也有九莲菩萨像一说），右侧为鱼篮观音像和关帝像。鱼篮观音取材于佛经《感应传》《法华持验》。据 20 世纪 80 年代全国文物普查统计，胜像宝塔所存的一幅《鱼篮观音图》是全国仅存的两幅之一，十分珍贵。

第六章
明代黄鹤楼

1368年，朱元璋称帝，以应天府（今南京）为京师，国号大明，年号洪武，建立了明朝。明朝废除了元代的行省制度，把行省改为承宣布政使司。明朝改元朝武昌路为武昌府，武昌城是湖广承宣布政使司的治所，武昌城内有湖广总督衙门、省级三司、武昌府和江夏县的府衙，被称为湖广会城。

一、兴修王府建鹤楼

洪武三年（1370），朱元璋封朱桢为楚王。朱桢是朱元璋第六个儿子，1364年出生时，朱元璋得到攻克武昌城的捷报，十分高兴地说将来朱桢长大了就封他为楚王。朱桢受封楚王时年仅六岁，十七岁时就藩坐镇武昌府。身为楚王的朱桢多次到江夏的灵泉山避暑消夏，他非常喜欢灵泉山的风水，便把这里定为陵寝，并将灵泉山改名为龙泉山。朱桢死后谥号“昭”，龙泉山也成为昭、庄、宪、康、靖、端、愍、恭、贺等九王的陵寝。

洪武四年（1371），朱元璋命江夏侯周德兴在武昌城营建楚王宫室，以备朱桢就藩。周德兴在营建楚王府的同时，扩建了宋元时期的鄂州旧城。明朝的王府按等级分为亲王府与郡王府，楚王府属于亲王府。

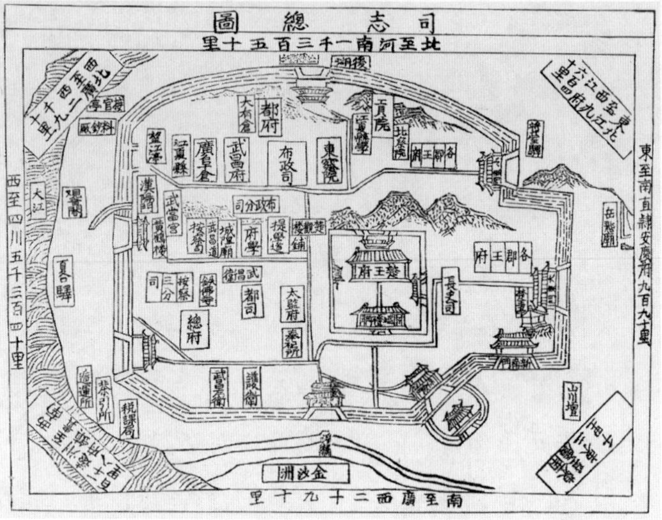

图 6-1 《湖广图经志书》中的楚王府

亲王府制。洪武四年定，城高二丈九尺，正殿基高六尺九寸，正门、前后殿、四门城楼，饰以青绿点金，廊房饰以青黛。四城正门，以丹漆，金涂铜钉。宫殿窠栱攒顶，中画蟠螭，饰以金，边画八吉祥花。前后殿座，用红漆金蟠螭，帐用红销金蟠螭。座后壁则画蟠螭、彩云，后改为龙。立山川、社稷、宗庙于王城内。七年定亲王所居殿，前曰承运，中曰圜殿，后曰存心；四城门，南曰端礼，北曰广智，东曰体仁，西曰遵义。太祖曰：“使诸王睹名思义，以藩屏帝室。”九年定亲王宫殿、门庑及城门楼，皆覆以青色琉璃瓦。又命中书省臣，惟亲王宫得饰朱红、大青绿，其他居室止饰丹碧。十二年，诸王府告成。其制，中曰承运殿十一间，后为圜殿，次曰存心殿各九间。承运殿两庑为左右二殿，自存心、承运，周回两庑，至承运门，为屋百三十八间。

殿后为前、中、后三宫，各九间。宫门两厢等室九十九间。王城之外，周垣、四门、堂库等室在其间，凡为宫殿室屋八百间有奇。弘治八年更定王府之制，颇有所增损。

——《明史》卷六十八

从史料记载来看，楚王府同其他亲王府一样，其规模与建制是朱元璋亲自制定的，1371年始建，1379年完工，历时8年。楚王府位于高观山南麓，坐北朝南，背依高观山，东西宽2里，南北长4里，占地2平方公里，相当于当年的半个武昌城。从后世的零星记载中可知，当年的楚王府有宫殿、楼阁及水榭庭院等共800余间。周围垒石为城，高2丈9尺，号称“王城”。开四门，正门称镇楚门，俗称公衙门，位于今紫阳路武汉大学医学院一带，至今尚有地名曰“王府口”。正门、前后殿、四门城墙饰以青绿，廊房饰以青黛。整个楚王城豪华壮观，仿若皇宫。清初，曾有文士吟咏楚王府“朱甍绣瓦倚斜曛，楚歌燕舞镇日闻……离宫别馆连天起，玉砌金铺辉月明”，可想见当年楚王府的繁华。楚王城毁于明末起义军的战火中。据传，当年张献忠攻打武昌时，放火烧毁了楚王府。2006年，工人们在阅马场建设首义广场地下通道时，挖出了巨石，经文物专家考证是楚王府的建筑构件。

图6-2　方孝孺画像

史书未记载此次筑城建宫过程中是否修建了黄鹤楼。方孝孺《书黄鹤楼卷后》载：“及乎真人既一海内，建亲王镇楚，以其地为国都，旌头属车往来乎其上者，四时不绝。盛世之美，待将稍稍复睹。余恨不获见之。”方孝孺在文中透露了修建楚王府时重建黄鹤楼的信息。明初“吴中四杰”之一的杨基曾多次雪中登黄鹤楼。杨基死于1378年，可见黄鹤楼至迟修建于1378年以前。从上述资料看，明代最初的黄鹤楼是周德兴在筑城建宫过程中修建的。范植清先生认为，明初黄鹤楼是“明初江夏侯周德兴增拓武昌城，楚王朱桢之国武昌时重建”。

二、几经兴修屹江城

明初修建的黄鹤楼在成化年间进行了修葺，此后又多次重建。明代黄鹤楼形制总的趋势是越建越高，越修越大。其共同点是传统木结构，朱漆彩绘，外形“下隆而上锐，望之如笋立，甚耸秀”，“如莲瓣垂垂，洲渚掩映”。

成化年间，明初黄鹤楼因年久失修倒塌了。成化是明宪宗朱见深的年号，从公元1465年到1487年，沿用了23年。朱见深是土木堡之变中被俘的明英宗的长子，擅长画神像。

> 青山如鹄欲飞翔，昔有层楼依翠冈。霄汉遥连星斗近，湖湘俯瞰海天长。千年胜迹传黄鹤，几代荒凉对夕阳。柏子阴森旧游径，一回经过一回香。
>
> ——卞荣《登黄鹤楼》

山在楼没，该诗表达了诗人对往昔黄鹤楼的怀恋之情。刑部尚书何乔新也对明初黄鹤楼一往情深，他在《寄怀黄鹤楼》中说“我曾临风登此楼，但见苍茫汉阳树”。据明代嘉靖年间成书的《湖广图经志书》记载：“年久倾圮，本朝成化间楚府宗室来复轩捐资倡郡人创建，都御史吴琛修葺。”

都御史是明代的都察院官员。明代监察机构称都察院，由御史台演变而来，其主要职责是举劾百官，行使监督职权。主要负责官员为左、右都御史二人，都御史与六部尚书同级，官居二品。吴琛，明代南直隶繁昌（今属安徽芜湖）人。景泰二年（1451）中进士，成化二年（1466）任湖广巡抚。成化五年（1469）升任两广总督、右副都御史。吴琛修葺黄鹤楼是在成化五年（1469）后进行的，史书记载修葺后的黄鹤楼是“光彩炫耀，荡摩天日”。

成化间所修黄鹤楼第一次毁于弘治年间，正德年间重修。弘治是明孝宗朱祐樘的年号（1488—1505），正德是明武宗朱厚照的年号（1506—1521）。弘治年间的礼部尚书吴宽在《重修黄鹤楼》中曰：“黄鹤高楼已捶碎，空有江南黄鹤楼”，表明此时黄鹤楼已经不存在。也就是说，吴琛修葺后 30 年左右，黄鹤楼就毁掉了。正德年间的漳州知府陈洪谟在《黄鹤楼次韵》中道“几年不到层楼上，此日重修喜落成”，说明黄鹤楼在毁掉不久就重新修建而成。李东阳的《重修黄鹤楼》曰“东垣土色象中央，克制生成或其理”，表明了这次修建的黄鹤楼蕴含了五行相生相克的建筑哲学。

五行是指木、火、土、金、水五种物质。中国古代人民在长期的生活和生产实践中认识到木、火、土、金、水是必不可少的基本物质，认为一切事物都是由这五种基本物质运动变化生成的，这五种物质之间相生相克。五行相生是指水生木、木生火、火生土、土生金、金生水，相克是指木克土、土克水、水克火、火克金、金克木。五种物质在不断的相生相克运动中维持着动态的平衡。五行学说与阴阳学说结合成阴阳五行学说，这种学说上升为哲学观念，对中国文化产生了深远的影响，中国古代建筑也深受此学说的影响。

图 6-3 《湖广通志》中的明代《黄鹤楼图》

《尚书·洪范》篇中具体地说明了五行的性质及排列次序：水、火、木、金、土。董仲舒在《春秋繁露》中指出，左青龙（木）、右白虎（金）、前朱雀（火）、后玄武（水）、中央后土。后来衍生出对应的五方、五色与四象。五方即东、南、中、西、北，五色即青、赤、黄、白、黑。

按照这种说法，水主北方，黑色；金主西方，白色；土主中央，黄色；木主东方，青色；火主南方，赤色。从李东阳的诗句“东垣土色象中央”可知，这个时期的黄鹤楼在五行中属于土，颜色是黄色，方位上属于中央。

正德年间修建的黄鹤楼在嘉靖四十二年（1563）遭雷击，毁于雷火。据萧溥的《招黄鹤楼赋》记载：“癸亥秋，火雷入中，残其九处。”从此段记载来看，黄鹤楼被雷电击中，烧毁严重，但并非完全毁掉，重建后不久又于嘉靖四十五年（1566）毁于雷火。《黄鹤楼杂记》载：“嘉靖丙寅春，忽毁于火。”

隆庆五年（1571），都御史刘悫重建黄鹤楼。刘悫，号唐岩，江西万安人，明永乐年间刑部尚书刘广衡曾孙。刘广衡历事四朝，公勤廉慎，是当时的名臣，其子刘乔官至湖广布政使、刘玉官至刑部侍郎，刘悫也官至工部右侍郎，四代同为进士，均为高官，实属罕见，被后世传为佳话。刘悫曾任浙江嘉兴知府，在任期间积极抗击倭寇，是与戚继光同时代的抗倭英雄，后擢升都御史、湖广巡抚，其间主持重建了黄鹤楼。刘悫采用元代辽王故宫的大型材料和四川、湖南的上等木材重建，形制更加高大。重建的黄鹤楼周围亭台众多，沿袭了宋代的一览亭、石照亭、跨鹤亭、压云亭、江汉亭等，按照元代形式修复吕仙亭，遵照前期的样式修葺了十间亭、广永亭、乖崖亭、涌月台等。

汪道昆的《黄鹤楼记》记载了楚中父老多次请求刘悫重建黄鹤楼的经过。汪道昆（1525—1593），字伯玉，号南溟，又号太函，别号天都文史，安徽歙县（今安徽黄山市徽州区）人，明代文学家、戏剧家。嘉靖二十六年(1547)中进士。史载汪道昆擅长作古文，以诗词见长，有《太函集》一百二十卷。他文武双全，在义乌做县令时教民习武，以备倭寇。后来升任福建兵备道，曾协助戚继光扫平福建倭寇。

刘悫主持修建的黄鹤楼于25年后再次毁于火灾。朱国祯《涌幢小品》载：“(明)万历丁酉，一日无故自火，延烧千家。”无论怎样，重修的黄鹤楼是不会自燃的，所以朱国祯所说的“无故自火”是指火灾原因不明。火势很大，烧毁了黄鹤楼周围千家房屋，说明当时黄鹤楼下十分繁华，生活着很多居民，房屋栉比鳞次。此次大火后，黄鹤楼是否被完全烧毁，史书与方志中都没有明确的记载。黄鹤楼遭劫难后不久就被重新修建，重建的黄鹤楼又被毁于明末战乱之中。关于明末黄鹤楼的毁亡，存在着两种说法。一种说法是，明末农民起义军将领张献忠攻克武昌后烧毁了黄鹤楼。清康熙朝《江夏县志》载：“至崇祯十六年癸未，献贼陷武昌，楼又毁于燹。”另一种说法认为，黄鹤楼实际上毁于“平贼大将军”左良玉之手。左良玉以“清君侧”为名起兵东下，焚烧了武昌城，毁坏了楚王府和黄鹤楼。

三、黄鹤高楼入画图

明代黄鹤楼经历了多次修葺和重建，每次修建后，黄鹤楼都有所变化。幸运的是，明代的艺术家们为我们留下了黄鹤楼画图。从相关史料来看，明代画家曾绘黄鹤楼图三种，即景泰年间宫廷画师安正文的《黄鹤楼图》、江夏画派代表人物谢树臣的《黄鹤楼图》和明末仇英的《武汉三镇图》。

图 6-4　安正文绘《黄鹤楼图》

从绘画的年代看，安正文的《黄鹤楼图》画的是明初的黄鹤楼。画中，黄鹤楼矗立在高台之上。高台仿宋朝形制，四周围绕着曲栏游廊。楼分上、下两层，外面的斗拱较少，有的地方没有斗拱。楼顶为重檐歇山顶，檐下有布篷遮阳。楼座外挑，隔扇漏窗。上层楼内分割成几间雅室，以供游人宴饮，具有明显的元代黄鹤楼形制。整个楼雕梁画栋，上、下楼层有楼梯连通，门帘和栏杆是红色的。画中显示，整个建筑群依山势而建，层层升高。一条宽阔的道路通至入口处，入口处是一道牌坊式石门坊，比宋楼入口处的牌坊更加高大宽阔，呈门阙形状。门坊前有一棵遒劲的古树，两边是围墙。入口处的上面有一高台，台上是一座重檐歇山顶的单层轩榭，有一道两边带有石栏的台阶通往轩榭。轩榭对面是黄鹤楼，楼后是一道廊庑。整组建筑依山而建，主次分明，环境幽雅，比宋楼简单，较元楼复杂。

安正文的《黄鹤楼图》不仅描绘了黄鹤楼的形制规模，而且也描绘了游人如织的场景。入口处车水马龙，楼前轩榭的回廊上挤满了观山赏江的游人，黄鹤楼上高朋满座，觥筹交错。明代黄鹤楼仍是观景宴饮、抒发离愁别绪之处，在地冻天寒的严冬也魅力依旧。《黄鹤楼图》生动逼真地再现了明初黄鹤楼的风情面貌，画中描绘内容的真实性在明代初期的黄鹤楼诗文中也可得到证实。

巍巍层构俯江流，碧树连云映远洲。诗客不来黄鹤去，夕阳西下水悠悠。

——姚广孝《鹤楼晴眺》

姚广孝（1335—1418），长洲（今苏州）人，是元末明初的高僧。他虽出家为僧，却一心追逐功名利禄。明太祖朱元璋驾崩时，由于太子

图 6-5 姚广孝画像

朱标早逝，便把帝位传给了皇太孙朱允炆。朱元璋的四子燕王朱棣想夺取帝位，姚广孝帮朱棣策划了靖难之役，赶走了建文帝朱允炆，朱棣成为后来的永乐皇帝。因为善于出谋划策，姚广孝受到永乐皇帝朱棣的重用。

巍巍楼阁势凌空，占断湖南万仞峰。绕槛江涵千顷绿，入帘霞衬八窗红。云移山色晴开画，风送鲸音夜扣钟。仙弄数声无孔笛，梅花吹落月明中。

——刘琏《登黄鹤楼识兴》

刘琏的诗句突出了明初黄鹤楼的巍峨高大，凌空而立。有围槛环绕高台，霞光中隔扇漏窗也被红色浸染。

刘琏（1348—1379），明朝开国元勋刘伯温长子。刘琏非常忠厚孝顺，“为人敏慧警颖”，曾任江西等处承宣布政使司右参政等官职。由于刘伯温与胡惟庸隔阂很深，刘琏被胡惟庸的党人威胁，在洪武十二年（1379）六月堕井而亡，年仅三十二岁。洪武十二年（1379）九月，朱元璋亲自祭奠刘琏。

迢迢江上楼，飞构梯层穹。黄鹤何年来，结巢白云中。仙人整羽盖，一往无遗踪。瑶笙紫河车，潇洒余天风。至今启重关，呵守虎豹雄。雕檐蔽白日，阑槛标晴虹。我因驻旌节，登攀兴何穷。神行万物表，目送双飞鸿。依依烟际帆，远落三湘东。霜清楚天碧，树尽荆门空。长辞愧祢生，高兴怀庾公。落日下楼去，烟水青蒙蒙。

——王偁《登黄鹤楼》

“飞构梯层穹”，描写的是黄鹤楼上下楼之间有凌空的楼梯相通。“雕檐蔽白日，阑槛标晴虹”，说明楼的层檐雕饰精美，栏杆与围槛漆成红色。

王偁（1370—1415），福建永泰县人。1390年考中举人，永乐初年进入翰林院，讲授儒家经典。曾任大型类书《永乐大典》的副总裁，总裁解缙最为器重。他为人豪爽，学识广博，诗风清雅，行草有苏东坡之风，后因解缙案受株连而死。

江夏画派由明弘治年间江夏人吴伟创立。吴伟精于人物山水主题的水墨写意画，被明孝宗赐为“画状元”。他取法南宋画院体格，笔墨恣肆，神韵俱足。早期画法比较工细，中年后变为苍劲豪放，泼墨淋漓，后来的蒋嵩、张路、谢树臣等人继承发展了吴伟的画风，被称为“江夏派”。谢树臣生活于明朝中后期，他画的黄鹤楼是弘治后重修过的新楼。

由于他生活的年代不详，无法判定他的画是以哪一次重修的黄鹤楼为蓝本。

仇英（约 1498—1552），字实父，号十洲，又号十洲仙史，江苏太仓人，后移居吴县，与沈周、文徵明和唐寅被后世并称为“明四家”。因为他们都生活在苏州吴地，又称“吴门四家”，亦称“天门四杰”。仇英善画人物、山水、花鸟和楼阁界画，长于临摹。他作的界画楼阁，尤为细密。据传，他临摹的画作真假难辨，代表作有《汉宫春晓图》《金谷园图》《桃源仙境图》《莲溪鱼隐图》等。

可惜的是，无论是江夏画派谢树臣的《黄鹤楼图》，还是仇英的《武汉三镇图》，现在都不知流落何方。新中国成立初期李宗仁的侄子李任夫先生捐献了一幅据称是仇英真迹的《江汉揽胜图》，现藏武汉博物馆。此画原名《武汉三镇图》，后来依据实景改名为《江汉揽胜图》。画轴

图 6-6 《江汉揽胜图》

右下角题款“实父仇英制”，左边钤两方印章，已不可辨析。据中国当代书画鉴定名家徐邦达先生鉴定，《江汉揽胜图》虽系明代所画，但并非仇英所作，其画风与仇英画法有明显不同，画轴上的题款应为后人所添加。他认为此画虽非仇英画，但该画的技法不在仇英之下，应当是明代另一位名家所作。

四、黄鹤楼上赏雪景

黄鹤名楼四时风光总不同，阳春江水泛碧波，盛夏百花争妍，深秋草木泛黄，寒冬银装素裹。从吟颂黄鹤楼的诗文中可知，有人赏月黄鹤西楼，有人抒发离愁别绪，有人感叹秋木萧索，有人扬帆烟花三月。在雪花当空舞的严冬，黄鹤古楼呈现出的是琼花碎玉的神仙世界。由于黄鹤楼位于江边山巅，山高路险，登楼欣赏雪景十分不易。但是，总有游人为了欣赏黄鹤楼迷人的雪景不畏艰险，明初才子杨基就是其中之一。

杨基（1326—1378），字孟载，号眉庵，原籍嘉州（今四川乐山），生长于吴中（今苏州），明初十才子之一。杨基诗风清俊纤巧，被称为“五言射雕手”，扬名吴中，与高启、张羽、徐贲为诗友，人称“吴中四杰”。杨基以诗著称，亦精通书画，尤善画山水竹石。洪武六年（1373），杨基任湖广巡抚，住在武昌城的湖广府内。其间，他多次游览黄鹤楼，尤其喜欢在大雪纷飞时登楼赏雪。

从杨基生活的年代看，明初黄鹤楼在洪武十一年（1378）前就已修建完毕。杨基的黄鹤楼诗现存三首，其中两首描写的是在黄鹤楼赏雪时的美景。尽管自唐以来登上黄鹤楼的文人墨客不计其数，但是雪中登黄鹤楼赏景的并不多见。

黄鹤楼前水平岸，春雪当空水撩乱。东风知我欲登楼，助以琼瑶作奇观。昔人黄鹤去不回，我骑白凤横江来。遥看历历汉阳树，一色尽是梨花开。人间何处最奇绝，百尺阑干满江雪。气压滕王阁下云，兴高庾亮楼中月。瀛洲咫尺非难到，鹤背琪花落乌帽。载酒谁能问谪仙，题诗未必无崔颢。江上得此清无敌，顷刻银蟾荡瑶碧。更着仙人紫衣裘，卧听吕岩吹铁笛。

——杨基《雪中登黄鹤楼》

诗中描绘了大雪纷纷扬扬中的黄鹤楼美景。“春雪当空水撩乱”，点明是早春之雪。东风吹过，好像到了琼池瑶台般的仙境。昔日的仙人驾鹤而去，一去不返，如今我骑着白凤跨江而来，远处的汉阳树恰是“忽如一夜春风来，千树万树梨花开”。高楼、大江都银装素裹，人间再也没有比这更加奇绝的景观了。杨基借助“李白搁笔”的典故，表达了自己不甘平庸的雄心壮志。登上这恍如仙境的黄鹤楼，自己也可以与昔日的神仙心神交往了。

吕岩吹铁笛，是指吕洞宾黄鹤楼吹笛的传说。关于黄鹤楼名字的由来，自古就有两种说法，相持不下。其中主张黄鹤楼因为神仙得名的，依据的是一则《仙人吹笛》的传说，流传于宋、元之际的《报恩录》中有比较完整的记载。

辛氏市酒（黄鹄）山头，有道士数诣饮，辛不索赀。道士临别，取橘皮画鹤于壁，曰：“客至，拍手引之，鹤当飞舞侑觞。”遂致富。逾十年，道士复至，取所佩铁笛数弄，须臾，白云自空飞来，鹤亦下舞，道士乘鹤去。辛氏即其地建楼，曰辛氏楼。

传说过去有位姓辛的人在黄鹄山头开了个酒馆，有位道士几次来该店喝酒，辛氏并没有索要酒钱。道士临别时，取一块橘皮在墙壁上画了一只鹤，说："如有客来，拍手招唤，鹤就会飞舞助酒。"辛氏即以此致富。过了十年后，道士又来了，取出随身佩戴的铁笛吹了几曲。不久，一朵白云从天而降，鹤也下来飞舞，道士骑鹤离去。辛氏就在此地建楼，名曰"辛氏楼"，也就是后来的黄鹤楼。王世贞的《列仙全传》也记载了这个传说。

传说中的那位仙人有人说是子安，有人说是费祎。宋、元时期，唐朝落魄文人吕岩被说成神仙吕洞宾的传说也多了起来，甚至辛氏酒店里画鹤的神仙也成了吕洞宾。从杨基的这首诗来看，至迟在明代初期吕洞宾吹笛的传说就广为传播了。

平生不愿万户侯，亦不愿识韩荆州。但愿武昌连日雪，日日醉登黄鹤楼。楼前绝景冠今古，况有缤纷雪花舞。玉树参差认汉阳，银洲浩荡迷鹦鹉。江头儿女走欲颠，谓我自是骑鹤仙。白云飞尽黄鹤去，此景不见三千年。我拍阑干为招手，世上神仙果何有。桃李非无顷刻花，江湖亦是逡巡酒。他日重来五百春，楼前花草一番新。相逢不识纯阳子，何用重寻回道人。

——杨基《雪中再登黄鹤楼》

"平生不愿万户侯，亦不愿识韩荆州"，是化用李白《与韩荆州书》中的"生不用封万户侯，但愿一识韩荆州"句，韩荆州指的是韩朝宗。韩朝宗，京兆长安（今西安）人，曾做过荆州长史，所以人称"韩荆州"。韩朝宗为官时积极提拔任用青年才俊，并向皇帝推荐，受到人们的敬重。才高气傲的李白仕途很不顺利，但是他很敬佩韩荆州的这种做法，所以发出"但愿一识韩荆州"的愿望，表明李白内心深处还是希望能在仕途上有所作为。杨基在此处的化用表明自己比李白更加彻底，不仅不愿意做管辖万民的万户侯，连别人举荐的机会也不屑一顾。从中可以得知，当时杨基对官场已十分厌倦，希望武昌连日雪飘不止，自己可以摆脱官场公事，在黄鹤楼开怀畅饮，表达了对逍遥自在的神仙生活的向往。

五、“今日始登黄鹤楼”

明代中后期，工商业日趋繁荣。工商阶层的崛起，促使了人性的复苏。社会经济的转型，使文化由诠释四书五经转向研究内心世界的心性之学。在富庶的江南地区，文人们更是感悟自然，澄澈心性。黄鹤楼融合了江山胜景与涤除世俗的神仙传说，迎合了人们的精神文化发展需求。一些对黄鹤楼向往已久的人，在登览时产生了相见恨晚的感受，正如著名画家沈周所言，“今日始登黄鹤楼”。

图 6-7　沈周绘《青园图》

沈周（1427—1509），字启南，号石田、白石翁、玉田生、有居竹居主人，苏州人。明代著名书画家，与仇英、文徵明、唐寅齐名，被称为“明四家”“吴门四家”。沈周是明代中期文人画“吴派”的开创者，传世作品有《庐山高图》《秋林话旧图》《沧州趣图》《青园图》等。出身于书画世家的沈周淡泊名利，不事权贵，一生专攻书画，文徵明评价他是逍遥世外的“神仙中人”。他学识渊博，收藏丰富，遍游天下名山大川，学识与阅历成就了他文人画坛的领袖地位。沈周名声颇大，众人争相求取书画，他通常是有求必应，甚至别人把临摹他的画拿来让他落款题字，他也欣然应允。所以沈周的画作很多，也真假难辨。

醉心书画、喜好交游的沈周非常喜爱黄鹤楼，这是因为黄鹤楼文化的友情和神仙因素与沈周的志趣相投。沈周描写黄鹤楼的诗歌现存两首，其一为：

昔闻崔颢题诗处，今日始登黄鹤楼。黄鹤已随人去远，

楚江依旧水东流。照人惟有古今月，极目空余天地秋。借问吕翁旧时笛，不知吹破几番愁。

——沈周《黄鹤楼》

以前听说崔颢题诗黄鹤楼的故事，今天才登上这座心仪已久的黄鹤楼。沈周表达了登上黄鹤楼时激动不已的心情。黄鹤已经随仙人远去，古人吟咏的黄鹤楼上的月亮依旧照今人，当年吕洞宾的仙笛不知道吹走了多少人的悲怀愁绪。登上这座抒发悲愁离绪的黄鹤楼，看到的是日夜奔腾不息的大江、依旧迷人的月亮，羡慕的是逍遥自在的神仙。沈周生活于成化年间，因而他登上的黄鹤楼应该是吴琛修葺后的黄鹤楼。

落日江光淡不流，平头舫子贴天游。瘿尊酒尽三百斛，大醉来题黄鹤楼。我本前身鹤上仙，人间罚住一千年。玉笙尘梦头如雪，待得醒来海又田。

——沈周《苍润清研山水长卷》

斗酒诗百篇的诗仙李白酒后不能题诗黄鹤楼，我喝光三百斛酒，喝得酩酊大醉后要题诗黄鹤楼，因为我前生就是黄鹤楼上驾鹤而去的神仙，被惩罚来到人间住了上千年。但是这只是酒后的美梦，醒来后沧海桑田般地回到了现实中。该诗表达了酣畅淋漓、自诩神仙的洒脱，同时也隐约透露出作者为世俗所困的烦恼。

六、黄鹤楼上访黄鹤

中国传统的士大夫秉承着“穷则独善其身，达则兼济天下”的人生信条。他们青少年时寒窗苦读十几年就为求取功名，因为只有进入仕途才能施展兼济天下的雄伟抱负。但互相倾轧的官场关系让他们心生疲倦，仕途的不确定性也使得他们对命运难以把握。为官日久，他们从内心深处向往人性自由的神仙世界。

黄鹤楼的民间传说表现的是逍遥自在的神仙生活，对自由往返于人间胜景和天上仙境的神仙生活的向往成为他们登览黄鹤楼的初衷。明代中期，位居首辅的李东阳就想要“黄鹤楼上访黄鹤”。

李东阳（1447—1516），字宾之，号西涯，祖籍湖南茶陵，生于北京西涯村，是茶陵诗派的核心人物。他聪颖好学，幼年时就显示出非凡的才华。四岁时能写径尺大字，被称为京城神童。明代宗听说后召见了他，李东阳当着明代宗的面写下“龙、凤、龟、麟”等大字。明代宗把他抱在膝上，赐给了他一些果钞。在进皇宫的时候，小李东阳迈不过高高的门槛，明代宗把他抱了进去，随口说了一句“神童足短”，嘲笑李东阳虽是神童，但是连过门槛这样的小事也做不好。李东阳马上回应明代宗“天子门高”，不仅对仗工整，而且以奉承皇帝的形式为自己解了围。当日，明代宗留李东阳吃饭，席间明代宗拿起一只螃蟹说“螃蟹浑身甲胄”，李东阳马上对答“蜘蛛满腹经纶”。明代宗听后说，日后这孩子定会官拜宰相。果不其然，李东阳官至吏部尚书、华盖殿大学士，死后赠太师，谥文正。

李东阳酷爱读书，史称他“坐拥图书消暇日”，文章典雅流丽，著作颇多。《明史》记载：“朝廷大著作多出其手。”明孝宗时奉旨任总裁官，编撰《大明会典》一百八十卷，主编《孝宗实录》二百二十四卷，并撰写了《历代通鉴纂要》《新旧唐书杂论》各一卷。

外圆内方的李东阳在官场上如鱼得水。明武宗时，以刘瑾为首的宦官把持朝政，一些老臣、忠直官员几乎都被残害流放，唯独李东阳能与他们周旋，官做得很稳，这引起了当时有气节之士的不满和非议。但李东阳不与刘瑾等宦官合流，而是通过各种途径保护被宦官迫害的忠良贤臣。

尽管李东阳仕途通达，功成名就，但他内心仍然十分向往逍遥的神仙生活。他写的《寄题黄鹤楼简秦开府》一诗就表达了他的这种向往。

扁舟我忆江头泊，曾上高楼访黄鹤。仙踪恍惚不足论，俯视渊澄仰寥廓。石根嵯岈若天凿，栋宇参差连地络。断岸秋横赤壁矶，惊流夜溅观音阁。衡岳云开鸿雁峰，洞庭水落鱼龙宫。使槎贾舶日来往，其上或与云汉通。鹄飞已识员方势，雕击似起扶摇风。旧游仿佛不再到，前日少年今老翁。江东才子中台彦，万里乾坤迹应半。碧嵩青岱几停车，楚水荆山一挥翰。登斯楼也记须成，望美人兮君不见。昼日偏明豸绣衣，炎天不改冰霜面。凭将激浊扬清手，坐使澄江净如练。归云倦鸟亦何心，目送高飞入霄汉。

“断岸秋横赤壁矶，惊流夜溅观音阁”，李东阳把周边的名胜古迹与黄鹤楼对比，突出黄鹤楼的胜景。观音阁是黄鹤楼下的一处供奉观音菩萨的庙阁。据明代景泰年间的《寰宇通志》记载，在武昌府城汉阳门外黄鹄矶上有一座庙，里面供奉着一座青铜铸造的观音菩萨像，人们称之为观音阁。到了清代，观音阁改称观音寺。光绪年间胡凤丹编纂的《黄鹄山志》载：“观音寺在黄鹄矶。”

七、“黄鹤仙人去何许”

人人都具有向往自由的本性。生活在现实世界中的人难以摆脱人世间各种关系和矛盾，但除了外在的客观现实世界外，每个人还有一个虚幻的内心世界。当人们身心倦怠了，就希望能进入虚幻的内心世界获得短暂的放松，神仙世界就是人们虚幻的自由世界。在这里，人可以脱离尘世间的羁绊束缚，成为自由自在的神仙。黄鹤楼就是一处令神仙流连忘返的人间胜境。人们不辞辛劳地登览黄鹤楼的原因之一就是在这里可以放松身心，追慕黄鹤楼上的自在神仙。明代黄鹤楼文化中羡慕黄鹤仙人的色彩明显，以两袖清风、家徒四壁著称的鲁铎就曾问道：“黄鹤仙人去何许？”

鲁铎（1461—1527），字振之，景陵（今湖北天门）人，李东阳的学生。他十分好学，喜欢静心读书，明弘治十五年（1502）中进士。李东阳主持编撰《孝宗实录》时，任命鲁铎为编修官。明正德五年（1510），奉命出使安南，他谢绝了安南国的一切馈赠，深得安南人的称赞。在国子监任教期间，教学有方。他反对寻章摘句，提倡实用之学，培养了一批贤才能士。鲁铎一生为官清廉，刚正不阿，深得皇帝喜爱。他后来以病为由，辞官归还乡里。

> 鲁铎，字振之，景陵人。弘治十五年会试第一。历编修。闭门自守，不妄交人。武宗立，使安南，却其馈。
>
> 正德二年迁国子监司业。累擢南祭酒，寻改北。铎屡典成均，教士切实为学，不专章句。士有假归废学者，训饬之，悔过乃已。久之，谢病归。
>
> 嘉靖初，以刑部尚书林俊荐，用孝宗朝谢铎故事，起南祭酒。
>
> 逾年，复请致仕。累征不起，卒。谥文恪。
>
> ——《明史》卷一六三

鲁铎为官清廉，虽身居高位，但仍然一贫如洗。鲁铎送礼的故事成为传颂至今的美谈。鲁铎与赵永同在国子监任教。一天，国子监祭酒赵永路过鲁铎的家门，鲁铎看见赵永行色匆匆，便问去哪里。赵永说，今天是老师李东阳的寿辰，我得去给他拜寿去。鲁铎说我也是李大人的学生，与你一起去吧。他问赵永带的是什么寿礼，赵永说两方头巾。鲁铎说我和你的差不多。他在家中的小竹箱里找遍了也没找到合适的礼物，忽然想起有人曾送来一条咸鱼，忙让家人取来。家人说那条鱼吃了一半，只剩半条了。就这样，鲁铎拎着半条咸鱼去给老师李东阳拜寿。李东阳见到鲁铎和赵永后，非常高兴，还为他们烹制鱼菜，摆上美酒，喝得兴致高昂才让二人回家。

《明史》卷一六三中也记载了这个故事。

> 大学士李东阳生日，铎为司业，与祭酒赵永皆其门生也，相约以二帕为寿。比检笥，亡有，徐曰："乡有馈干鱼者，盍以此往？"询诸庖，食过半矣，以其余诣东阳。东阳喜，为烹鱼置酒，留二人饮，极欢乃去。

正如民族英雄林则徐所言："海纳百川，有容乃大。壁立千仞，无欲则刚。"刚正秉直的鲁铎心胸宽广，他的黄鹤楼诗就表现了他的这种看穿古今的大气。

> 黄鹤仙人去何许，名在武昌城上楼。古今人过但忽忽，江汉水来何悠悠。举头云际动星宿，极目海外开神州。欲呼崔李二公起，一尊为涤千年愁。
>
> ——鲁铎《黄鹤楼次韵》

驾鹤而去的仙人不知去了哪里，武昌城头的黄鹤楼却因此声名大振。古往今来有多少人登过此楼，这些往昔历史已经远去。楼下的江汉之水一如既往地悠然流淌。登上黄鹤楼举头仰观，天空中的星星就在眼前。放眼望去，可以一览神州。我多么想把崔颢与李白邀来同游，与他们开怀畅饮，涤荡千年来的恩怨与忧愁。诗人以气贯古今、上极云天、纵览八方的大手笔，抒发了登上黄鹤楼后的感想。

八、“黄鹤楼前日欲低”

风景是由景物、景感和条件三个要素构成的，其中景感就是欣赏主体的感受，是最活跃的因素。同样的景物在不同的景感影响下会有所不同，以人文现象著称的黄鹤楼在不同人的眼中也会不同。崔颢登楼后的感受是“烟波江上使人愁”，王艮看到的是“山河壮丽雄三楚”，正是千百年来不同欣赏主体的不同感受才构成这蔚为大观、内涵丰富的黄鹤楼文化。单举黄鹤楼文化中表达友谊主题的诗文而言，就各有不同。李白的名句“故人西辞黄鹤楼，烟花三月下扬州”非但没有离愁别绪，反而让人觉得春光明媚。同样是黄鹤楼下送别故交，而明代的李梦阳就大不相同了，黄鹤楼的风景变得萧索凄迷。这迥然不同的风景，源于李梦阳与李白的不同景感。要了解李梦阳这种景感产生的内在原因，还得从

图6-8　明代黄鹤楼模型

李梦阳本人讲起。

李梦阳（1473—1530），字献吉，号空同，甘肃庆阳人。李梦阳出身寒微，明孝宗弘治七年（1494）中进士。当时流行形式雍容典雅，内容空洞贫乏的台阁体，他非常反对这种文风，主张古诗学魏晋，近体学盛唐。“文必秦汉，诗必盛唐。”他提出的主张影响很大，被公认为复古派的领袖。

李梦阳生性刚烈，不畏权贵强暴。张皇后的弟弟张鹤令仰仗着皇后为非作歹，飞扬跋扈，被称为“势如翼虎”。朝中官员都怕他三分，京城百姓更是视他如虎豹。张鹤令的为所欲为激怒了李梦阳，他向皇帝上奏折，弹劾张鹤令，要求严惩。碍于皇后的情面，孝宗皇帝不仅没有惩办张鹤令，还把李梦阳投入牢狱，不久后李梦阳无罪释放，但被罚了三个月的俸禄。出狱后的李梦阳并没有被吓倒，而且对张鹤令更加恨之入骨。有一天，他们二人在街上面对面碰上，李梦阳挥起马鞭子就打，张鹤令急忙躲闪，还是被打掉了两颗门牙。

明孝宗死后，长子朱厚照继位，定年号为正德，史称明武宗。武宗整日寻欢作乐，不理朝政，侍奉武宗的大太监刘瑾趁机把持朝中大权。刘瑾与手下的马永成、高凤、谷大用、魏彬、张永、丘聚、罗祥等八人被称为“八虎”。以刘瑾为首的“八虎”飞扬跋扈，欺压朝臣，他们想尽办法搜刮钱财。官员们升迁赴任、回京述职都得向刘瑾送礼行贿，俗称“见面礼”。手握大权、势力强大的刘瑾做梦也没有想到，有人胆敢在他头上动土。在李梦阳的策划鼓动下，尚书韩文弹劾刘瑾，李梦阳替他书写了奏疏。刘瑾知道后勃然大怒，碍于李梦阳是先帝的重臣，武宗虽没有严惩他，但还是将其贬到山西。

李梦阳曾任江西学政，他与一位江西学子对对联的故事也广为流传。在任职期间，他发现有个学子也叫李梦阳，就把这个学子叫到面前

图 6-9 明武宗画像

说：“你知道我是学政大人，怎么用与我相同的姓名呢？”这位学子回答说：“姓名是父母给的，明知与您的名字相同也不能改呀。”李梦阳想了一会说：“我现在说出一副对联的上联，你如果能对出下联，我就饶恕了你。”这位学子镇定自若地说：“您出上联吧。”李梦阳说：“蔺相如、司马相如，名相如，实不相如。”意思是说，你与我只是姓名相同，实际上我们并不一样。那位学子稍加思索后说：“魏无忌、长孙无忌，彼无忌，此亦无忌。”意思是说，魏无忌和长孙无忌都名叫无忌，他们并没有为此事斤斤计较，为什么我们却为名字相同而斤斤计较呢？李梦阳听后，笑着将这位学子送走了。

李梦阳曾在黄鹤楼下送别友人。与李白的《送孟浩然之广陵》不同，他的诗中充满了悲愁离绪，也表现出了他的刚烈秉性。

黄鹤楼前日欲低，汉阳城树乱乌啼。孤舟夜泊东游客，恨杀长江不向西。

——李梦阳《夏口夜泊别友人》

全诗的格调低沉忧郁。黄鹤楼前，夕阳西下，汉阳树上也乌鸦乱啼。在这样萧索凄凉的一个夜晚，友人要孤舟顺江东去。该杀的长江水为什么不倒流，由东向西，这样就不会因友人离别而忧愁失落了。

九、“独占荆南贯酒楼”

中国古代文化长时期以儒家思想为主导。倡导“礼”“仁”的儒家文化造就了宽容礼让、重义轻利的中华传统美德。道士在辛氏酒楼画鹤的民间传说就充分体现了黄鹤楼文化中这一传统美德，辛氏的重义轻利行为感动了抱朴守真的仙道。这种儒、道文化的融合始于魏晋以降，尤其是宋代，所以这则黄鹤楼民间传说产生于宋代之后。在众多化用这一典故的黄鹤楼诗文中表达的几乎都是对神仙自由自在生活的羡慕，只有明代著名的医学家李时珍点明了黄鹤楼文化的这一特质。李时珍能独具慧眼，认识到黄鹤楼文化这一特质与他的经历和性格有着密切的关系。

李时珍（1518—1593），字东璧，晚年自号濒湖山人，湖北蕲春人，中国古代著名医药学家。他的巨著《本草纲目》是影响深远的药物学经典。

李时珍自幼聪颖善对，还未上私塾时就跟着父亲认熟了很多字。他刚入学时，私塾先生看着被树木环抱的远山，出了上联：“远声隔林静。”李时珍当时虽然只有八岁，但见朝霞分外明媚，过往旅客早已登程，脱口便对道：“明霞对客飞。”先生大为吃惊，决意加倍关照。

蕲春有位药铺店主，家有一个聪明伶俐的女儿，长得花容月貌。为了给女儿选一个才华出众又精通医药的女婿，他决定用药名作上联招

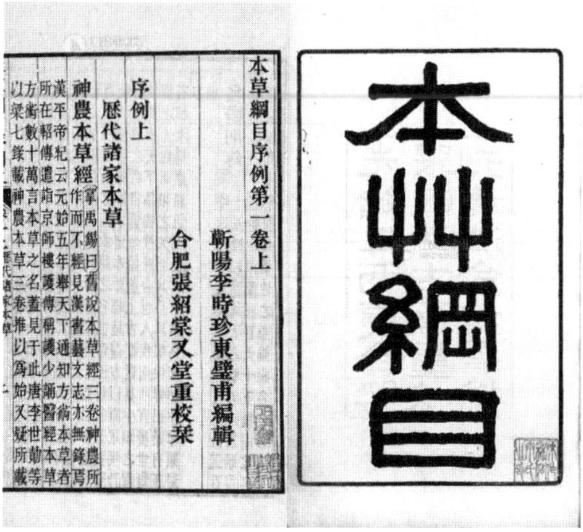

图 6-10 《本草纲目》书影

婿。店主人在门口高悬上联“玉叶金花一条根”，许多求婚者慕名而来，却不知如何对出下联，一个个抓耳挠腮，摇头叹气。有一位马姓青年，忠厚诚实，只是对医药不甚精通。他知道聪慧的李时珍出身医药世家，又善于对对联，于是他找到李时珍，说明原委，请求帮忙。李时珍虽年少，但喜欢助人为乐，脱口对道“冬虫夏草九重皮”。随后，马姓青年前去应对。店主对下联十分满意，又见年轻人长得一表人才，认为是个好人选，就又交给他一上联，限一天内对上。这上联是“水莲花半枝莲金花照水莲”，马姓青年仍然不知如何对出下联，只得再次请李时珍帮忙。李时珍说：“珍珠母一粒珠玉碗捧珍珠。”当马姓青年说出下联时，店主非常高兴，随即再出上联“白头翁牵牛耕熟地”，限半天内对出。马姓青年不得不再请李时珍帮忙。为了成全这桩婚事，李时珍稍假思索道“天仙子相思配红娘”。就这样，在少年李时珍的帮助下，那位马姓青年终于如愿以偿。

李时珍出身于中医世家，父亲是乡里名医。由于医生地位低下，常受恶人欺辱，李时珍的父亲希望这个自幼体弱多病的儿子能考取功名，无奈李时珍三次赴武昌城应考都名落孙山。目睹科考黑暗的李时珍，说服父亲，让自己学医。他聪明好学，凡事喜欢亲自考察。当时，李时珍家乡出产的蕲蛇是宫廷贡品，市场上多是假冒的外地蛇。李时珍请求一位捕蛇人深夜带他爬上密林乱石的龙峰山，亲眼见到了蕲蛇。为验证南朝医药学家陶弘景记录的穿山甲吃蚂蚁一事的真实性，他亲自解剖穿山甲，证实了穿山甲确实食用蚂蚁，但是陶弘景记录的吃蚂蚁方式不正确。

传承家学的李时珍潜心钻研医药，凡事躬行，不久就声名鹊起。据说他三十八岁时，救治了生命垂危的楚王世子，被武昌的楚王召去任王府“奉祠正”，兼管良医所事务。李时珍后来入楚王府，负责楚王府的医疗工作，深得楚王信任。楚王把李时珍推荐到了宫里做太医，因为看不惯其他太医的所作所为，李时珍辞官回到乡里。此后，李时珍以毕生精力阅读历代医学著作。为纠正以往医药书中的谬误，他四处考察，撰就了《本草纲目》。

在楚王府的三年中，他不仅为王府的人把脉诊断，而且也为城内平民百姓开药治病。据传，他曾在黄鹤楼前的观音阁坐诊。每到李时珍在观音阁开诊的日子，这里就排满了等待就医的病人。凭着扎实的医药学功底、丰富的经验，李时珍医好了很多病人，也治愈了一些疑难杂症。人们过去来观音阁求观音菩萨保佑平安，祛除各种疾病，现在纷纷来这里拜见“活菩萨”李时珍，他成了武昌城里手到病除的神医。在空闲时间，李时珍常常沿蛇山而上，登临闻名神州的黄鹤楼。登上这座承载着千年欢喜千年愁的黄鹤楼，文采出众的李时珍欣然写下了《黄鹤楼怀古》：

当年控鹤访神州，独占荆南贳酒楼。百尺倚楼吹玉笛，一生随地换金裘。花翻笔底笼鹦鹉，星落杯中吸斗牛。三万六千消不尽，翩然散发下沧洲。

当年在辛氏酒楼饮酒的神仙骑鹤遍游神州，诗仙李白黄鹤楼上听玉笛，气冲斗牛的狂士祢衡鹦鹉洲上写下《鹦鹉赋》。李时珍在黄鹤楼上抚今追昔，发出“三万六千消不尽，翩然散发下沧洲”的感慨。沧洲是水边的陆地，常被比喻为隐士隐居的理想之地。经历了诸多坎坷的李时珍，在行医过程中目睹了人们被疾病缠身的苦痛，产生了隐逸山水的出世念头。

十、“仙人楼阁镜中悬”

黄鹤楼地处“楚水清若空”的三楚中心地带，与岳阳楼“先天下之忧而忧，后天下之乐而乐”的儒家文化入世个性相比，黄鹤楼文化彰显的是道家文化出世的个性。黄鹤楼据山临江，大江、险山、高楼相映成趣，歌颂黄鹤楼高入云天的雄浑巍峨之美的诗文不绝于耳。明代文学家、政治家和改革家张居正就曾用“仙人楼阁镜中悬”，传神地刻画了黄鹤楼的清净之美。他描写黄鹤楼美感的清词丽句源于他对黄鹤楼文化的独特感受与阐释，这种独特的见解源于作者本人的人生阅历和文化修养与黄鹤楼文化的对接。

张居正（1525—1582），字叔大，号太岳，湖北江陵（今荆州）人，人称张江陵，中国历史上著名的政治家和改革家。张居正原名张白圭，据传他的祖父曾经做过一个梦，梦到一只白龟从月光下的水瓮中浮出。张居正的祖父认为张居正就是托梦给自己的白龟，所以给他取名张白圭，希望他日后能光宗耀祖。白龟在中国被视为神圣之物，传说伏羲观

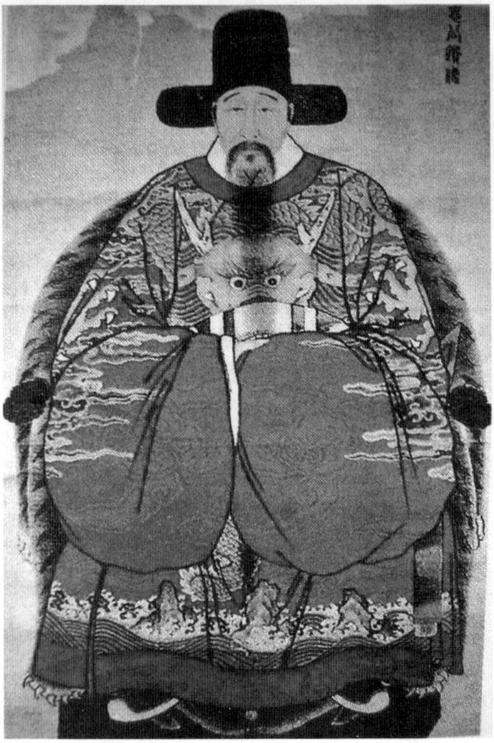

图 6-11　张居正画像

察白龟纹理而作八卦。这则传说为张居正的身世添加了神异色彩。张居正的祖父为他取名张白圭，也有可能源于对战国时期著名大商人白圭的仰慕。白圭学识渊博，会观天象。他弃官经商，成为著名的大商人，被称为商业始祖，直至清代许多商人还敬拜白圭。

张居正自幼聪慧过人，闻名荆州府，被誉为“神童”。他五岁入学，七岁就能通晓《诗经》《尚书》《礼记》《周易》《春秋》这五部儒家经典的大义。据传，十二岁的张居正参加荆州府的府试，知府李士翱想试其文才，就让张居正对对联。主考官说出上联“大文庙，两棵树，顶天立地”，岂料张居正脱口而出“小顽童，一支笔，治国安邦”。

湖广巡抚顾璘非常爱才，听说江陵有个神童，特地前往荆州府寻访。那时是六月天气，顾璘进入荆州城南门时汗流浃背，见不远处路旁有一座小庙，门上写着“东司庙”三个大字，庙前有一棵大树，顾璘便吩咐属下在庙前大树下歇脚乘凉。这时从庙里传来一阵琅琅读书声，顾璘情不自禁地步入庙中，见偏殿内坐着十几个孩童正在念书。教书先生一见是巡抚大人驾到，连忙上前参见，请顾巡抚坐下。庙里的和尚听说巡抚大人亲临，连忙从庙后的西瓜地里摘来几个大西瓜，献给官员们解渴去暑。顾璘见景生情，雅兴大发，随口吟诵出一句上联“东司和尚送西瓜，些小礼物”，念完便要教书先生对下联。教书先生不知如何对出下联，急得满头大汗。他的一个学生连忙替他解围道：“南极仙翁朝北斗，天大人情。”顾璘一听，十分高兴，把这个学生叫到身旁，原来他就是张居正。顾巡抚喜出望外，兴奋之际，口中不觉又吟出一联“雏凤学飞，万里风云从此始”，张居正对道“潜龙奋起，九天雷雨及时来”。顾璘高兴地把腰上的金带解下赠予张居正，嘱咐他将来要成为国家栋梁之材。

张居正十三岁在武昌府参加省里的乡试，他的文章引起顾璘的注意，本应中举的张居正没能如愿，并非巡抚顾璘徇私枉法，而是在有意磨炼张居正。

> 张居正，字叔大，江陵人。少颖敏绝伦。十五为诸生。巡抚顾璘奇其文，曰：“国器也。”未几，居正举于乡，璘解犀带以赠，且曰：“君异日当腰玉，犀不足溷子。”
>
> ——《明史》卷二一三

在顾巡抚的磨炼下，三年后张居正考中了举人。明嘉靖二十六年（1547），二十三岁的张居正首次应会试，就考中了进士。

张居正是神宗万历皇帝的老师，十岁的神宗即位后，实际上是张居正代为主政。张居正作为内阁首辅，对内整治吏治，改革财政，对外平息蒙古与倭寇的侵扰。为了革除各种弊病，张居正力主改革，推行“一条鞭法”。由于改革触犯了当权者的利益，张居正死后被抄家。直到四十年后，明熹宗才为他平反。

不知什么原因，位高权重的张居正没有登临过黄鹤楼，只是在汉江上远远地观望过。

> 枫霜节橘净江烟，锦石游鳞清可怜。贾客帆樯云外见，仙人楼阁镜中悬。九秋槎影横清汉，一笛梅花落远天。无限沧洲渔父意，夜深高咏独鸣舷。
>
> ——张居正《舟泊汉江望黄鹤楼》

诗中明显地流露出张居正久居相位后的力疲心倦和对仙道生活的向往。

十一、羡仙怀古黄鹤楼

与唐、宋、元三代不同的是，明代黄鹤楼又多了羡仙怀古的功用。来黄鹤楼寻访昔日跨鹤而去的神仙、凭吊古往今来的英雄往事，在明代的黄鹤楼诗文中表现得淋漓尽致。

杨基的《雪中再登黄鹤楼》曰：“我拍阑干为招手，世上神仙果何有。桃李非无顷刻花，江湖亦是逡巡酒。”诗人来此高楼寻访当年驾黄鹤而去的神仙，醉后题诗，认为江山代有人才出，近人未必不如古人。王偁在《登黄鹤楼》中道：“黄鹤何年来，结巢白云中。仙人整羽盖，一往无遗踪。……长辞愧祢生，高兴怀庾公。”王偁寻仙不遇，十分惆怅。看到鹦鹉洲，想起狂放不羁的祢衡，心生惭愧。看到黄鹤楼前的南楼，兴高之际记起庾亮的豪情。何乔新的《寄怀黄鹤楼》道："我闻羽士徐佐卿，化为黄鹤朝太清。云衢偶尔中金镞，戛然惊飞入杳冥。……仲谋孟德今何在？空遗陈迹后人哀。"寻仙不遇，当年英雄也空留陈迹，诗人不禁心生哀叹。生动表达人们在黄鹤楼上寻仙怀古的是吴国伦的《登黄鹤楼》："层楼极目楚天孤，骑鹤仙人漫游无？城郭万家罗胜地，江山千载见雄图。风声秋水蒹葭乱，日落晴沙鹳雀呼。白首不襟怀古意，一轩明月坐玉壶。"

来黄鹤楼寻找神仙的人们没有祈求自己像仙人一样长生不老，也没有表露永享人间荣华的奢想，而是表达了一种向往神仙自由世界的渴望。怀古也不只是对历史上英雄人物的凭吊伤怀，而是表达一种英雄人生的抱负、今人一定能超越古人的信念。杨基在《雪中再登黄鹤楼》中写道："平生不愿万户侯，亦不愿识韩荆州……江头儿女走欲颠，谓我自是骑鹤仙。"作者不图富贵只羡仙，视高官厚禄如尘芥，只渴求能像神仙一样自由自在。何乔新在《寄怀黄鹤楼》中说"月明黄鹤倘来翔，便欲乘之溯空碧"，意思是如果黄鹤能来，便想驾鹤飞上远离尘嚣的碧空。

崔颢的《黄鹤楼》诗，加上诗仙李白扼腕搁笔的传说，令后人生畏。后世很多游人鉴于此，游玩黄鹤楼后不敢再题诗。到了明朝，一些诗人打破了这种局面。他们不仅游览黄鹤楼后题诗，而且认为自己的题诗能超越崔颢。如陈沈晖在《登黄鹤楼》中就说："眼前有景还堪赋，莫道崔诗在上头。"更为彻底的是陈璚的《登黄鹤楼》中的"漫寻吕叟游方外，不许崔诗在上头"。

基于这种文化的积淀，黄鹤楼在人们心中成为摆脱束缚、超越前人、超越自我的象征。黄鹤楼在千年历史中已成为人们心中永存的文化名楼，它的被毁必将引起当地人们的失落和不安。在明代，黄鹤楼已成为政通人和之时必不可少的象征物。汪道昆在《黄鹤楼记》中记载了楚中父老多次请求主楚中丞刘悫重建黄鹤楼的史实，且请求越来越迫切。为什么荆楚父老多次请求刘悫重建黄鹤楼呢？其原因可归结为黄鹤楼是国治、德明、民安的表征。然而世治则楼兴，世乱则楼不保，明代黄鹤楼虽屡次修建，仍没逃脱明末战乱的厄运。

十二、鹤楼毁于兵燹中

明末黄鹤楼毁于战乱中的纵火已成定论，但是关于纵火的指使者有两种说法。比较普遍的说法是明末农民起义军领袖张献忠撤出武昌时，放火烧毁了武昌城，黄鹤楼随之烧毁。也有人认为是张献忠攻打武昌时，放火纵烧楚王府，把王府附近的黄鹤楼也烧掉了。

张献忠是与李自成齐名的农民起义军将领。一些史书记载他是杀人如麻的刽子手，也有人认为这是清代文人对张献忠的污蔑。

有人认为烧毁黄鹤楼的不是张献忠，他还曾登上黄鹤楼题诗一首。传说张献忠攻克武昌后，一日带领下属登上黄鹤楼。张献忠虽是鲁莽的武夫，但也读过几年书，兴致勃勃地与下属对起了诗。他随口说道："滚滚江流去不还，隔断龟蛇不相攀。龟山就譬比李闯，咱老子站在蛇山。"明显地表达了对闯王李自成的不满和蔑视。陪同的文武属下听到这首不文不白的打油诗，只得搜肠刮肚地答对。

据《明史》记载，张献忠攻下武昌后，并没有烧毁楚王府，且确实曾经题诗黄鹤楼。

又西陷汉阳，全军从鸭蛋洲渡，陷武昌，执楚王华奎，笼而沉诸江，尽杀楚宗室。录男子二十以下、十五以上为兵，余皆杀之。由鹦鹉洲至道士洑，浮胔蔽江，逾月人脂厚累寸，

图 6-12　张献忠金印

鱼鳖不可食。献忠遂僭号，改武昌曰天授府，江夏曰上江县。据楚王第，铸西王之宝，伪设尚书、都督、巡抚等官，开科取士。以兴国州柯、陈两姓土官悍勇，招降之。题诗黄鹤楼。下令发楚邸金振饥民。蕲、黄等二十一州县悉附。

——《明史》卷三〇九

从《明史》记载来看，张献忠攻下武昌后，把楚王朱华奎放进铁笼内沉江，大肆屠杀了楚王府宗室。他在武昌设置官职，开科取士，还赈济饥民。而题诗黄鹤楼，表明张献忠没有烧毁黄鹤楼。

张献忠与明末总兵左良玉进行过多次激战，有人认为明末纵火烧毁黄鹤楼的是左良玉。当年，左良玉以镇压张献忠为借口大肆敛财，要求楚王府缴纳大量钱财，遭到拒绝后，恼羞成怒的左良玉下令放火烧毁了楚王府。

至武昌，从楚王乞二十万人饷，曰："我为王保境。"

王不应，良玉纵兵大掠，火光照江中。宗室士民奔窜山谷，多为土寇所害。

——《明史》卷二七三

左良玉纵火烧毁了楚王府，火光照在江中。尽管《明史》没有明确记载黄鹤楼是否毁于火灾中，但是毗邻楚王府、沿江而立的黄鹤楼恐难逃此劫。从《明史》的记载中推测，明末黄鹤楼应该是毁于左良玉烧毁楚王府的那场大火中。

第七章
清代黄鹤楼

明崇祯九年（1636），清太宗皇太极称帝，改国号为“大清”。1644年，李自成率领农民军攻占北京，明朝灭亡。“冲冠一怒为红颜”的明山海关守将吴三桂降清，清摄政王多尔衮指挥清军入关，打败李自成。同年，清顺治帝迁都北京。

清朝沿用了明朝的地方建制，武昌府仍为湖北省城。明末黄鹤楼毁于战火，清初就修建了新的黄鹤楼。从清顺治十三年（1656）到光绪十年（1884），清代黄鹤楼历经了228年的风风雨雨，其兴毁历程可以概述为“火经三发，工届八兴”。

一、顺治年间的黄鹤楼

清顺治十三年（1656），御史上官铉主持重建黄鹤楼。上官铉，字三立，号松石，山西翼城县人，明崇祯十六年（1643）进士，清顺治十四年（1657）任湖广道监察御史。

当时，清朝还在忙于消灭各地的反清力量，财政比较困难。在这种情况下，上官铉无法重新修建黄鹤楼，只是把明代楚王府的敕书楼改建为黄鹤楼。史书记载为“粗葺”，其实上官铉并非粗略地修葺，而是进行了改建。绘制于明末清初的《武昌江岸图》表明，改建后的黄鹤楼位

图 7-1 《武昌江岸图》

于武昌城外。由于国朝初立、财乏力缺等原因，同以往相比，黄鹤楼修建得极为简略。楼位于高台之上，临江而立，是一座单体建筑。楼高三层，单檐攒尖顶，檐下用立柱支撑，不用斗拱。

顺治年间的彭而述（1605—1665）在《再登黄鹤楼》中写道“飞楼缥缈著江干，霜鬓登临记往年”。翎檐翼角，像一只展翅欲飞的鸟伫立江边。从中可知，黄鹤楼楼体轻盈，位于城外的江边。彭而述去世的前一年黄鹤楼毁于火灾，从“再登”二字可知作者登临的是顺治十三年（1656）修建的黄鹤楼。

据王葆心的《续汉口丛谈》记载，经过改建，黄鹤楼一改前朝的楼阁式建筑，成为“四望如一”的塔式建筑。在改建过程中，黄鹤楼吸取了楚国建筑与湖北地方建筑的特色，更具地方特色。上官铉改建的黄鹤楼高达九丈九尺，比明末黄鹤楼高三丈多。这种建筑样式也奠定了今天黄鹤楼的建筑样式。

二、康熙年间的黄鹤楼

清康熙三年（1664），顺治年间重建的黄鹤楼毁于火灾。大火烧毁了黄鹤楼和谯楼，还烧毁了黄鹤楼附近的民房店铺。同年，总督张长庚、巡抚刘兆麒重建黄鹤楼。胡梦发的《黄鹤楼赋》用华丽的文辞描绘了重建后的黄鹤楼。

胡梦发，号卜子，湖北大冶人。据同治《大冶县志》记载，胡梦发聪明伶俐，四岁入学，读书过目不忘。少年时，参加县试、府试、院试皆获第一，十七岁时因为成绩优异被选送到国子监学习。尽管胡梦发才学非凡，知识渊博，可惜的是，他成年后科考屡次失败，直到七十三岁时才与侄子胡齐泌一起中举。

据胡梦发的《黄鹤楼赋》记载，这次重修的黄鹤楼恢复了顺治年间黄鹤楼的样子，并进行了扩建。黄鹤楼建在城外的黄鹄矶的中央，面朝汉水。建造木材采自湖北的杞木、梓木与四川高大的楠木、樟木。召集木工、石匠数百人，他们雕梁画栋，漆门画楣。楼内绘有藻井，楼层之间修有楼梯相连通，楼梯两边修造了扶栏，便于人们上下楼。楼有复道与周围建筑相连，窗户朝向南开。楼层之间的檐是重檐样式，延伸到楼外。十年后，黄鹤楼有些部件老化或坏掉了，湖广总督蔡毓荣对其进行了维修。

清康熙十二年（1673），驻守云南的平西王吴三桂反对康熙帝的削藩令，发动叛乱。随后，广东的平南王尚可喜、福建的靖南王耿精忠相继叛乱，史称“三藩之乱”。吴三桂率军进攻湖南、四川等省，他的部下和反清势力交相呼应。湖广总督蔡毓荣奉命率军平定叛乱。康熙十七年（1678），湖北削减兵员，被裁撤的士兵生活没了着落，十分不满，以夏逢龙为首的士兵，在僧人大元的鼓动下发动兵变，一度占领武昌城和湖北的一些府县。这些内乱使湖广官员无暇修护黄鹤楼。

清康熙二十年（1681），黄鹤楼遭雷击起火，因补救及时，损失较小，仅黄鹤楼下的朱方旦碑受损。朱方旦，号尔枚，自称二眉道人，湖北汉阳人。朱方旦通晓诸子百家，会占卜，又会气功，精通医术，他曾用气功治好了文渊阁大学士兼吏部尚书李光地妻子的重病。湖广巡抚董国兴看见朱方旦门徒日众，影响日增，担心他是张角一类的人物，就以“左道惑众”为名，将朱方旦械送北京。进京之时，恰逢太皇太后六十岁生日，大赦天下，朱方旦本无死罪，很快得到赦免。朱方旦在京城行医自给，又救活了康熙帝的哥哥裕亲王福全难产的福晋，一时间名声大振。顺承郡王勒尔锦被授宁南靖寇大将军，负责进讨吴三桂，朱方旦为他出谋划策，勒尔锦对朱方旦佩服得五体投地。朱方旦提出人的意识源于人脑而非人心，他的这一学说遭到传统医生围攻，被指为惑众邪说，康熙帝闻讯后震怒。尽管勒尔锦为他求情，朱方旦最终还是被处决了。他的著作被焚毁，思想也被禁止传播。

清康熙二十六年（1687）出版的《康熙湖广武昌府志》中有一幅《武昌府城图》。从图中看，黄鹤楼的位置有变化，由城外江边变为城内山麓，临近平湖门和城外山下的观音阁，楼的前面是胜像宝塔。新楼比顺治十三年（1656）的黄鹤楼更加高大，立在双层高台之上，由三层变为四层。楼的底层和二层墙面是封闭的，底层通往二楼的梯子外露，三、四两层设有立柱，并开有门窗，平面大概呈六角或八角形，单檐攒尖顶。《康熙湖广武昌府志》中的插图多为示意图，不可能完全准确地再现当时的形制。从康熙年间潘耒的诗句“三层迥与三霄邻，八面平当八风起”来看，这一时期的黄鹤楼应该是高三层，平面八角。

清康熙四十一年（1702），黄鹤楼遭雷震倾圮。康熙四十三年（1704），总督喻成龙、巡抚刘殿衡（曾任湖广巡抚刘兆麒之子）主持重

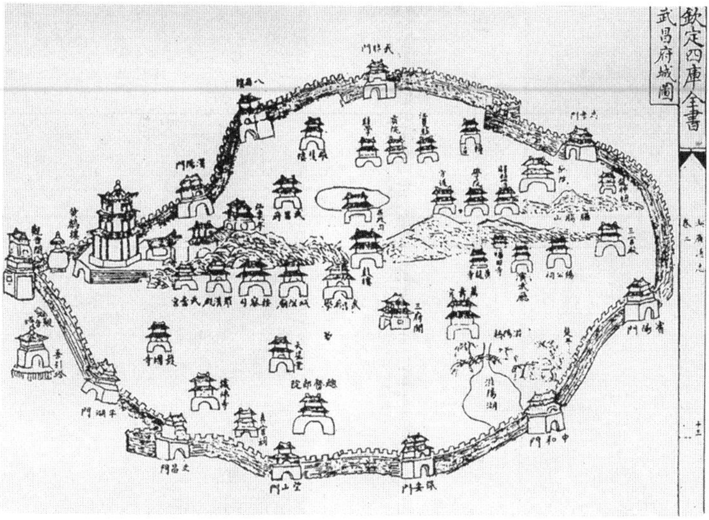

图 7-2 《武昌府城图》

建黄鹤楼。清康熙六十一年（1722），总督满丕、巡抚张连登主持略修。

三、乾嘉年间的黄鹤楼

清乾隆元年（1736），总督史贻直主持新建黄鹤楼。乾隆年间，湖广总督毕沅《黄鹤楼铭并序》载：“乾隆元年，大学士史文靖总督湖广，乃更其制，自山以上直立十有八丈，其形正方，四望如一，高壮宏丽，称其山川，历年六十，坚密如新。”新建黄鹤楼改变了康熙年间的形制，位于山之上，高十八丈。乾隆初年出版的雍正《湖广通志》中有一幅《黄鹤楼建筑图》，图中描绘的就是史贻直主持新建的黄鹤楼。楼高三层，四方十六角，攒尖顶上四边各有一个小骑楼，每层都有供人们登高望远的围廊，高度比康熙年间的黄鹤楼增了一倍，显得更加雄伟壮观。乾隆年间描写黄鹤楼的诗歌与《黄鹤楼建筑图》可相互印证。

“风雨户牖临风开，檐牙八面去莓苔”，点明黄鹤楼平面呈八角正

图 7-3 《清高宗八十万寿庆典图》中的望蟾阁

方形，八面开门窗，形制一致，四望如一。黄鹤楼四面设有回栏，供游人登扶。所以刘统勋说“霸国雄风旧所闻，凭栏空阔出尘氛”。楼内有螺旋式楼梯、重檐，有回栏和高高的入槛，恰是“百级螺旋上，重檐乱鼠穿。凭栏俯斜日，挂槛竖长川”。

清乾隆四十四年（1779），乾隆帝下江南微服私访。他在武昌期间游览了黄鹤楼。游黄鹤楼时，乾隆帝御笔题写了“江汉仙踪”的匾额，后来又御制一方“百岁寿民吴国瑞四世一堂”牌匾放在黄鹤楼上。

1750 年，乾隆修建皇家园林清漪园，即后来的颐和园。园内的一些建筑是仿造江南园林建造的，其中的望蟾阁就是仿造黄鹤楼而建的。望蟾阁在嘉庆年间改建为涵虚堂。在故宫信息中心有一张《清高宗八十万寿庆典图》，里面清楚地描绘了颐和园前身——清漪园主要建筑的形制。这张图上的望蟾阁和黄鹤楼十分相似，可证实上述说法。从上图的望蟾阁可以知道乾隆年间黄鹤楼的建筑样式。楼高三层，逐层上收，为塔楼样式。飞檐翘角，每面开漏窗，楼层的檐枋有很多立柱支撑。整个楼的外观主色调是红色，屋檐周遭绘为蓝色。

另外，乾隆黄鹤楼全景壶也反映了乾隆年间黄鹤楼的特征。这是一件青花瓷器，壶身上白底青花地描绘了一幅黄鹤楼全景图。图中，黄鹤楼高三层，飞檐翼角。楼前有一座下大上小的两层建筑，后面是粉墙黛瓦的斜坡式单层房屋，不远处有一座佛塔。

从以上两件作品中可以肯定，乾隆年间的黄鹤楼沿袭了康熙年间黄鹤楼的建筑样式。

清嘉庆元年（1796），总督马慧裕主持黄鹤楼重修工作。嘉庆时期，强大的清帝国开始衰落。马慧裕修建黄鹤楼时，修楼所需的高大木材难以寻求，于是吸取以前黄鹤楼毁于火灾的教训，增加了四十多个大石础。为了加强牢固性，用铁索链把大石础接在一起。王葆心的《重修武昌黄鹤楼募资启》载："大木难求，增以石础四十余，皆中贯铁索，号'万牛不能撼'。"这次重修增加了围廊。丁守存的《重建武昌黄鹤楼碑记》载："及我朝规制屡新，天题炳焕。嘉庆癸酉，增修式廓，又垂五十年矣。"令马慧裕意想不到的是，他修建的"万牛不能撼"的黄鹤楼不久就毁于清军与太平军交战的战火之中。

太平军曾经三次占领武昌。1852 年 12 月，太平天国天王洪秀全率军来到武汉，太平军通过架浮桥，兵临武昌城下。1853 年 1 月 12 日，太平军炸开了武昌城墙，攻入城内，巡抚常大淳自缢，按察使瑞元自刎，学政冯培元投井，提督双福、布政使梁星源被杀。武昌城是太平天国起义后攻下的第一座省城，太平军在黄鹤楼上张灯结彩，庆祝胜利。武昌战略位置重要，太平军占领武昌震惊了咸丰帝，清军几次伺机夺回，但是都没能成功。1854 年，曾国藩率领的湘勇击退太平军，收复了武昌。但不久武昌再次被太平军占领。1856 年，湘军与清军合攻武昌，清军在江面上的炮船不断向城内进攻，武昌城炮火连绵。太平军为守住武昌城，与清军展开激战，黄鹤楼也毁于这次战火之中。

丁守存的《重建武昌黄鹤楼碑记》载：“咸丰壬子，粤逆鸱张，围星沙，犯岳阳，协数万众，掠大小艨艟，蔽江直下。欃枪所至，烈焰灰飞，数年之间，鄂城三陷。武汉辐辏之地，沦为榛芜。至咸丰丙辰，兹楼遂付一炬。”

四、象天法地的“同治楼”

清同治七年（1868），湖广总督官文、巡抚李瀚章、署总督郭柏荫、护巡抚何璟重建黄鹤楼。胡凤丹编纂的《黄鹄山志》载：“同治七年，署总督郭公、护巡抚何公委武昌府黄守昌辅督工兴修。经始于戊辰九月，告成于己巳三月，计费白金三万数千两有奇。”

从中可知，此次兴修历时一年。这座楼是清代最后一座黄鹤楼，史称“同治楼”。丁守存《重建武昌黄鹤楼碑记》详细记载了黄鹤楼修建的经过和形制。

> 于是李公、郭公咸输白金千两，护巡抚何公与署藩司王文韶、署臬司郑兰及各司道重捐廉俸，以武昌守黄昌辅董其事，而以候补通判汤世镛、从九品符秉忠等驻局监理，涓吉于九月初八日定磉，十月十二日上梁。设牲牢楮帛，焚祝于旧址左侧，构架悬梯，摩云森立，按制就小式，核其尺寸，斧者左，锯者右，匠石千余人，般倕毕集，邪许争呼。越次年六月，大工成。是役也，计糜捐银三万余两。朴之斫之，丹之雘之，鸟革翚飞，与云日相辉映。……楼凡三层，计高七丈二尺，加铜顶九尺，共成九九之数。柱周六七尺以上者四十八楹为地基，周径长二十丈有奇，宽八丈有奇。楼八面，各宽四丈五尺，上供吕祖像，仍其旧也。余材重建太白堂、一

览亭、涌月台、留云阁、白龙池等处，以复故迹。

文中的李公、郭公和何公分别指湖广总督李瀚章（晚清重臣李鸿章的哥哥）、巡抚郭柏荫和护巡抚何璟。从文中来看，真正主持黄鹤楼重修的是李瀚章、郭柏荫、何璟、黄昌辅、汤世镛、符秉忠等官员，选择良辰吉日九月初八奠基。十月十二日上梁那一天，众官员在黄鹤楼旧址的左侧举行了祭天仪式，奉上猪羊，焚香烧纸帛。工程开工后，召集各种工匠数千人。至 1869 年 6 月，黄鹤楼修建完毕。

整个工程耗费白银 3 万余两。地基面积 533 平方米，楼高 7 丈 2 尺，加上楼顶上高 9 尺的铜顶，总高度为九九八十一尺，也就是说总高 27 米。楼高 3 层，每层分 8 面，每面宽 15 米，周长 2 米以上的大型立柱就有 48 个。据说楼内上层正对大江有一龛，龛内铁架上有一尊骑鹤吕洞宾像，手捧玉笛，非常传神。此次不仅重修了黄鹤楼，还用剩余的材料修建了太白堂、一览亭、涌月台、留云阁、白龙池等与黄鹤楼紧密相

图 7-4　清同治年间的黄鹤楼

连的景观。

同治楼的形状和尺寸按照河图、洛书的术数设计。相传，上古伏羲氏时，洛阳东北孟津县境内的黄河中浮出龙马，背负“河图”，献给伏羲。伏羲依此而演成八卦。大禹时，洛阳西洛宁县洛河中浮出神龟，背驮“洛书”，献给大禹。大禹依此治水成功，遂划天下为九州，又依此定九章大法，治理社会。“河图”“洛书”成为天文历法和社会治理的依据，被推崇为华夏文化的源头。

楼的平面，名为四方，实为八角，体现了中国古代建筑中的四象生八卦表意。《易传》曰：“易有太极，始生两仪。两仪生四象，四象生八卦。”

四象，中国古代把天空的二十八星宿分为四个方位，根据每方七个星宿的特征分为东方青龙、西方白虎、南方朱雀、北方玄武。古代建筑象天法地，四个方位与天上的星宿对应。青龙、白虎、朱雀、玄武也就成了四方的保护神。中国古代建筑大多为木构建筑，容易遭到火灾或其他灾害损坏。建筑平面的四象表意，是希望在四方保护神的庇护下免遭损坏。

八卦，传说先祖伏羲根据“河图”发明创造了反映天地间千变万化的八卦。卦代表着宇宙间最基本的现象，八卦是指乾、坤、震、巽、艮、兑、坎、离，分别代表着天、地、雷、风、山、泽、水、火。周文王被商纣王囚禁在羑里期间把八卦推演为八八六十四卦。四象生八卦，在建筑方位上是指由东、西、南、北四个方位派生出八个方位。

伏羲八卦中离指东、坎指西、乾指南、坤指北、兑指东南、震指东北、巽指西南、艮指西北。文王八卦中震指东、兑指西、离指南、坎指北、巽指东南、艮指东北、坤指西南、乾指西北。

楼的层数为明三暗六。明三层，法“天、地、人”三才；暗六层，合卦辞“六爻”。中国古代传统启蒙教材《三字经》讲：“三才者，天地人。”《易·说卦》曰：“是以立天之道，曰阴与阳；立地之道，曰柔与刚；立人之道，曰仁与义；兼三才而两之，故《易》六画而成卦。”

“三才”反映了中国古代对天地间变化规律的认识，天、地、人三才对应的是自然生态、社会世态和个人心态。六爻中的爻是组成卦的符号，意思是交错、变通。每三爻组成八卦中的一卦，两卦组合成六爻。六爻组合变通形成表征天地人间各种现象的六十四卦。“兼三才而两之，故《易》六画而成卦”，反映了中国人对三才之间相互关系的认识。天、地、人三才中每一才的规律都由两种基本元素相互作用形成，这两种基本元素称为“两之”，三才相加就是六之。六之可以用六爻表示，只有三才相协调，代表六之的六爻才能相变通，这样才能形成反映各种变化的卦。也就是说只有自然生态、社会世态和个人心态平衡和谐发展，宇宙世界才能按规律运转，和谐发展。

楼三层三檐，出角入角，每层十二角，共计三十六角。下层十二角为“十二纪”，中层十二角为“十二月”，上层十二角为“十二辰”。这种建筑结构是中国古代历法的反映。夏历又称古历或者农历，把一年分为春、夏、秋、冬四季，对应春种、夏长、秋收、冬藏四类农业活动。每个季度分为孟、仲、季三纪，一年四季就有了十二纪。中国传统节日中秋节也叫仲秋节，就是因为中秋节处于秋季的仲纪。十二辰是指十二时辰，古代把一昼夜分为十二个时辰，每个时辰相当于现在的两小时。从零点到二十四点依次为子时、丑时、寅时、卯时、辰时、巳时、午时、未时、申时、酉时、戌时和亥时。

楼的内外立柱共四十八根。楼外檐柱二十八根，每柱顶向外，柱面画有一个星宿，代表二十八星宿；内柱四根表示西北、西南、东南和东北四维；另外，还有十六根配柱。二十八星宿是中国古代所创星区划分体系的主要组成部分，古人把沿黄道、赤道附近的星象，划分成二十八个大小不等的部分，每一部分叫作一宿，合称二十八宿，又名二十八舍或二十八星，东、西、南、北四方各七宿。

一、二、三层外周平面上均架出鹊巢形斗拱，共计三百六十个，合周天三百六十度之意。一至三层大小屋脊共七十二条，代表全年七十二候。楼的一、二层为藻井式平顶，三层为二阶式平顶。一阶外圈八方画八卦，二阶为平板圆形，画太极图，表达日月经天、分明阴阳之象。楼内的左右两边有楼梯连通上下楼，各宽四尺八寸。第三层的四面瓦檐下高悬匾额。

楼顶是攒尖顶，宛若华盖，五角攒尖寓意五行。楼顶紫葫芦上的三层表示受天、地、水或者日、月、星三元之托。主楼楼顶加上四面牌楼屋脊正中的小顶，合称“五岳”，含五行象形之意。主楼加上顶上的紫葫芦高九九八十一尺，是最高重阳之数。

此次重建充分体现了中国传统建筑的文化内涵。重修的同治楼既擅河图之理，又准洛书之数，构思之奇，堪称少有。

五、照片中的“同治楼”

1871 年英国人约翰·汤姆森（John Thomson）拍摄了黄鹤楼照片，用相机记录下了同治黄鹤楼。这是迄今发现最早的有明确拍摄年份的黄鹤楼照片，也是现存最早的有明确拍摄年份的武汉照片。这张照片成为今天研究同治黄鹤楼的主要依据。

约翰·汤姆森 1837 年 6 月 14 日出生于英国爱丁堡，大学就读于化学专业。25 岁时，汤姆森到东方旅行，开始了他的摄影创作生涯，被称为卓越的“街头摄影家”。1866 年，他曾返回英国，展出了他在亚洲拍摄的作品。1869 年，汤姆森再次来到中国，在香港皇后大道开

图 7-5 汤姆森拍摄的“同治楼”

设了一间摄影室，拍摄人像和出售香港风景照片。随后，他深入中国内地和台湾，对中国社会进行了广泛的调查。当时他使用的是湿版法，需要携带大批器材，因此雇用了八个背负笨重照相器材的“苦役”。从香港启程，经过广州、台湾、汕头、厦门、福州、上海、宁波、南京、武汉、贵州、天津、北京，游览了南口和长城等名胜古迹。他把中国清末的各地名胜及人民生活、地方物产、风土人情等通过镜头介绍给各国人民。在汤姆森的影集中，有关风景古迹和社会风俗的照片占有很大比重。

黄鹤楼照片就是他在武汉期间拍摄的。1871 年，汤姆森途经武汉，他首先精心拍摄了一张汉口的全景式照片。在摄影集《图说中国和中国人》(*Illustration China and It's people*) 第三卷中，他记述道：“汉口是外国商人在长江所能深入的最高点……武昌府、汉阳、汉口紧聚在这三江汇流的大平原上……在 1872 年，汉口据说有六十万人，但很奇怪的，在照片上有一块广大的地却只有三两屋舍，和远处人口稠密之处不成比例，原来这块冲积平原一到夏天就泛滥，人们怕损失了劳力与资金，都不敢在那定居，有的则建屋于人造的山丘上……远处的江边停满了各式当地的商船……”

汤姆森游览了黄鹤楼，他把黄鹤楼称为“武昌塔”。他根据道听途说写道：“武昌塔，长江上（中）游最主要的名胜之一，坐落在武昌城边的小山上。原先它建于六世纪初的晋朝，后来为一酒商所有，太平天国时被毁，距它重建才不过三年……根据中国人的传说，一个仙人建了这个楼，大约在纪元前202年时，乘了黄鹤飞离。”尽管他的表述有些明显的错误，但是他毕竟是一名语言不通的外国人，出现这种状况难以避免。汤姆森拍摄黄鹤楼的过程颇为有趣，给他留下深刻的印象：

> 我拍得很辛苦，因为这建筑前面有一大群闲杂的人，我必须退进城内的大厅以避干扰，后来还把门关上，但仍簇拥了一堆人。其实他们非常斯文——除了对我的拍摄工作有强烈的好奇。当我把镜头瞄向他们时，有人认为我要对城内开火。

六、难逃劫难“同治楼”

清代黄鹤楼“火经三发，工届八兴”，除了大的重建新修工程，还有许多小规模的修补，一直延续到清末。清王朝的修建工程力图实现黄鹤楼与王朝共存，并贯穿王朝的始终。

但是，“同治楼”非常短命，只存在了十五年。在1884年的一场大火中，灰飞烟灭。光绪十年八月初四日（1884年9月22日）晚，“同治楼”毁于大火中。《申报》对此事做了详细报道：

初四晚，鄂省北风劲疾，江上雪浪如山。七点半钟时，汉阳门外街东门坡（董家坡）地方张姓骨董作坊失火。该坊本系草屋，因学徒执火油灯上小阁取物，失手将灯倾落，施救不及，遂致燎原。当时延烧筷子、骨牌、卤包等作坊，复飞至江家柴院子与王家板厂。箕伯扬威，火鸦飞舞，城内黄鹤楼第二层护栏亦被延及，立兆焚如。先是，有多人立在楼前左右观火，及楼经焚着，内外夹攻，看火人均往后山撞倒栅栏而走。附近黄鹤楼之官厅与涌泉台（涌月台）亭顶，同付一炬。幸胡文忠公祠、祖师殿、鲁班阁并茶馆无恙。延烧至八点钟，楼向南倒，计沿江一带木作板厂、铺面、住宅，约共焚去二百家左右。十一点钟，火又延至平湖门沟边始行止熄，所奇者汉阳门外之油货、豆豉、饭馆三家，面面皆火，而彼则岿然独存。又贴城之观音阁及巡卡亦未灾及，惟黄鹤楼内烧死卧病岁余老道人一名。督、抚、司道、府县、营官闻警后均带队驰到，汪协戎在胡公祠守候全夜；卞制军到时，火势正炽，不敢冒险到祠，只在经厅署座候许久方回。闻火头张姓当以走避，只将同住之某姓拘去，王姓板厂主、江姓院子主人均已拘拿云。

清光绪十年（1884）创刊的《点石斋画报》在9月18日，刊登了黄鹤楼被烧毁的画作《古迹云亡》，由清末写实派画家吴嘉猷所绘。画作清楚地描摹了1884年黄鹤楼毁于大火的史实。黄鹤矶头的黄鹤楼被熊熊燃烧的大火吞没，画面下部有近百名官兵，黄鹤楼下观察火势的、督阵的、扑火的，栩栩如生；还有高举着“太平水龙”“求息”“盖忠”

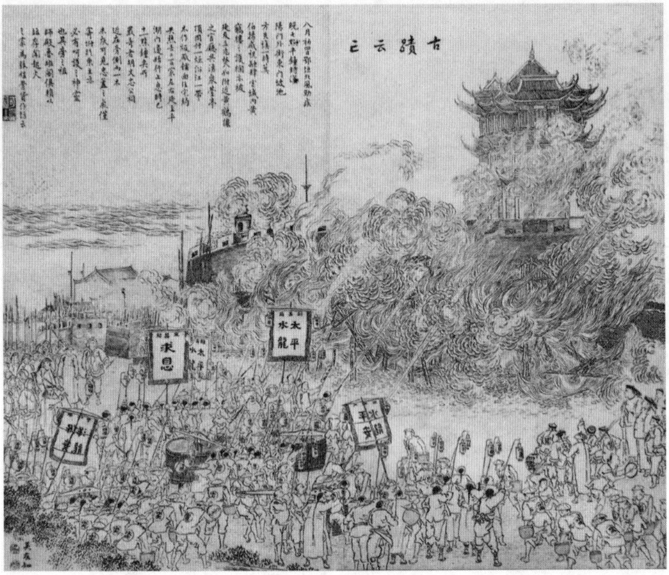

图 7-6 《点石斋画报》刊载的《古迹云亡》图

旗幡，手持水龙灭火的洋龙队（即消防队）；举着灯笼，提着水罐前来扑火的市民等。

整座黄鹤楼几乎化为灰烬，仅遗留一座铜顶。铜顶是清同治七年（1868）秋末，武昌府知府黄昌辅主持重建黄鹤楼时，为了和这座新修的名楼相匹配而下令铸造的。从那时起，这个铜顶便长期被遗弃在蛇山上。1958 年，古铜顶的顶尖被人敲掉，据说是想把它拿去回炉炼铁，后虽被有关部门追回，但铜顶已经损坏，难以接上。1981 年，三名窃贼用钢锯将直径为六十二厘米的铜顶小头从细腰处锯下盗走，并将其砸成碎块当作废铜变卖。

接连两次遭劫，致使古铜顶被严重损毁。1984 年 12 月，武汉机械工艺研究所秦汉干、孔立敏、吴昌懋、熊水清承担了恢复铜顶原貌的重任。在青山造船厂的配合下，经过一个多月奋战，铜顶小头于 1985 年

图 7-7　1985 年修复后的“同治楼”铜顶

1 月铸造成功。同年 4 月，又将新、旧部件进行组装、焊接，两度损毁的铜顶终于恢复了本来面目，重新展现在游人面前。

现在，铜顶陈设在黄鹤楼正东 92 米、白云阁以西 185 米处。铜顶为青铜铸成，中空，顶高 3.4 米，底径 1.8 米，壁厚 4 厘米，重约 2 吨。整个顶分为三部分，上端为宝瓶攒尖顶，中部呈两个球体叠加形成的葫芦形，底部为莲花宝座形。

清代黄鹤楼除了大的重建新修工程，还有许多小规模的修补，一直延续到清末。1884 年“同治楼”毁于火灾后，清王朝处于风雨飘摇之中，无暇修建。那么是什么力量促使此后官方屡次动议修建黄鹤楼呢？王葆心在《重修武昌黄鹤楼募资启》中道出了个中原因：“盖兹楼之一兴一废，而国家之兴败、人心之悲愉系焉。”黄鹤楼的兴衰关系到国家社稷的兴衰，是人心悲欢之所系。毕沅的《黄鹤楼铭并序》云：

守土之吏，率会于兹楼，以饮食之礼亲其僚友，不降阶序，而民风穑事，胥可知也。洎夫王臣咨诹，每怀靡及，舌人体委，怀柔远人，治官莅民，礼宾诘戎，邦之大事，于是乎咸在。……其有逐臣羁客，登高作赋，感物造端，可兴可怨。

黄鹤楼既是官吏维持礼制秩序和观察民风的场所，也是游子、流官观景抒怀的地方，上关国家，下系民情。既然黄鹤楼与国家共命运，统治者们高度重视维持黄鹤楼的存在就成为必然。

黄鹤楼在统治者心中是国家兴衰的标志，在民众心中也分量很重。它不仅仅是一处放松身心、观景宴饮的休闲去处，更是一处亲近自然、返原本性、体会人生悲欢离合和借鉴历史兴衰的去处。人们虽然批评了驾鹤登仙的荒谬，但表达了对山水之中、田野之上的布衣生活的向往。这是人们内心深处对真实人生和人性本原无限热爱的外露。人们感叹人生的起落、历史的兴衰，蕴含的是对主宰自己命运、顺应历史兴亡的渴望。黄鹤楼多次遭遇劫难却屡次屹立江边，是因为它已远超出楼阁建筑物的意义，而与国家、统治者、人民，甚至历史的命运相关联。

何时黄鹤重来，且自把金樽，看洲渚千年芳草；
今日白云尚在，问谁吹玉笛？落江城五月梅花。

这副挂在黄鹤楼一楼后厅的对联出自顺治年间著名诗人、书画家、文物收藏家和鉴赏家宋荦之手，表达了文人雅士们渴望游览黄鹤楼的强烈愿望。

七、“登临千古客心哀”

清初的钱澄之在他的《登黄鹤楼即事》中说：“黄鹤矶头四望开，登临千古客心哀。”一语道破了人们登临黄鹤楼的心绪。崔颢的“烟波江上使人愁”为黄鹤楼定下了“乡愁”的基调。千百年来，出现了很多描写黄鹤楼上离愁别绪、愁闷心绪的诗篇。但是登楼赏景，心生哀伤的还是罕见。那么，钱澄之为什么会发出“登临千古客心哀”的悲慨呢？其实是黄鹤楼的多舛命运引发了命运坎坷的钱澄之的共鸣。

钱澄之，初名秉镫，字饮光，一字幼光，晚号田间老人、西顽道人，安徽桐城（今枞阳县）人。明末爱国志士、文学家。钱澄之自小随父读书，十一岁能写文章，崇祯时考取秀才。南明桂王时，担任翰林院庶吉士。钱澄之痛恨以魏忠贤为首的宦官阉党祸国殃民、残害忠良。崇祯初年，皇帝整治朝政，惩处阉党，钱澄之积极响应。据方苞的《田间先生墓表》记载，有一位监察地方百官的京城御史来到桐城，要去文庙拜见孔圣人。那一天，御史在地方官员的陪同下，鸣锣开道，前呼后

图 7-8　清三镇全景中的黄鹤楼

拥。道路两旁挤满了围观的百姓，桐城的士子们纷纷出来相迎。钱澄之忽然拉住御史乘坐的车子，扯起车上的帐子。他的举动令御史十分震惊，急忙命令停车。钱澄之高声斥责御史是阉党余孽，指责他令人发指的罪行。钱澄之由此声名大振。他在南京的南明朝廷为官时受到排挤，辞官后同朋友积极参加抗清斗争。在抗清斗争中，他的妻子抱着幼子幼女跳河身亡。他又跋山涉水到广西投靠南明桂王，但当时南明气数已尽。返回家乡后，他为了躲避清军的捕捉，削发为僧。

钱澄之的《黄鹤楼即事》前后写了四首，每首都与黄鹤楼的民间传说有关。

> 自昔台边酒味醇，吕公买醉往来频。笛从窃换仙音杳，枕到眠酣世界真。伐去草枯根不朽，掷来桃烂迹如新。相逢指点多灵异，游客还疑哂道人。
>
> ——钱澄之《黄鹤楼同左子直、孙威公、邓斯及夏振叔诸子即事四首》其四

诗中描绘了吕洞宾在黄鹤楼的传说。“掷来桃烂迹如新”用的就是吕洞宾黄鹤楼下卖仙桃的典故。传说当年八仙之一的吕洞宾骑鹤来到江夏，看见龟、蛇二山相对而立，长江、汉水浩浩荡荡，熙熙攘攘的人们在游览黄鹤楼。吕洞宾禁不住眼下美景的诱惑，降落云头，变作一位游览黄鹤楼的道士。饱览美景后，他在黄鹤楼下的山坡上休息，随手把拂尘插在身旁的石缝中。不料想拂尘瞬间变成一颗大桃树，很快树上就结满了诱人的大蜜桃。这件奇事一传十，十传百，很快就传遍了武昌城。人们争先恐后，把山坡下挤得水泄不通。吕洞宾见状，不慌不忙地说：“乡亲父老们，我的桃子不仅香甜，解渴润喉，而且能治百病，尤其是老年人吃后能长命百岁。”话音刚落，人们就开始抢着购买桃子，不一

会桃子就被抢购一空。但是吕洞宾看到没有一个人把桃子带给父母吃的，一气之下把桃树变枯萎了。就在这时，一位年轻的轿夫愁眉苦脸地蹲在桃树下。吕洞宾不解地问：“年轻人为何这般愁苦呀？”那位轿夫说：“听说您这里有治病的仙桃，我赶紧卖苦力挣了几个钱，来买几个仙桃给家中生病的老母亲吃，不承想不仅桃子没了，桃树也枯萎了。”吕洞宾见这位轿夫忠厚诚实又有孝心，哈哈一笑说：“不要难过。”随手向空中一抓，变出两个大桃子给了年轻人，把钱也还给了他。轿夫的母亲吃了吕洞宾的仙桃后，不仅大病痊愈，而且真的延年益寿。人们为了感激吕洞宾，把他卖仙桃的地方叫作仙桃迹，还修建了一座仙桃亭。仙桃亭后来成为黄鹤楼周边的重要景点之一。也有人说吕洞宾看到人们没有孝心，气愤地把桃子扔到了远远的山沟。这条沟就叫作仙桃沟，这就是今天湖北省仙桃市地名的由来。

当然，吕洞宾卖仙桃的故事主要是为弘扬孝道这一中华传统美德，同时也表明黄鹤楼文化具有教化功能。明末清初的钱澄之在诗中运用这个典故，说明这个传说至少在明代后期就已经流传开来了。

八、“万里投诗黄鹤楼”

黄鹤楼本是一座军事望楼，自盛唐以来成为人们争相游览的胜地，更被一些名噪一时的人物所传颂。名人的登临提升了黄鹤楼的文化地位，使它超越了普通风景楼阁，成为楚地的文化建筑坐标。这种地位吸引着更多的后世名人前来游观抒怀，他们来此不仅是登临，而且是实现内心的文化夙愿。所以，我们很难断定究竟是文化名人成就了黄鹤楼，还是黄鹤楼成就了文化名人。岁月流淌，黄鹤楼的文化影响越来越大，在人们心目中的地位也越来越不可替代。修建黄鹤楼不仅仅是在修复一座楼阁建筑，也是在弥补人们文化心理的缺失。博而才足

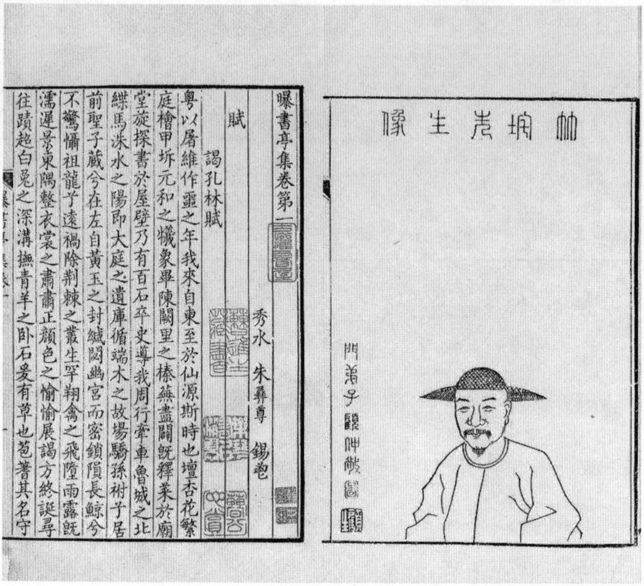

图 7-9 朱彝尊《曝书亭集》书影

的《明史》编修朱彝尊听闻黄鹤楼重修落成，写下了“万里投诗黄鹤楼”的诗句，表达远在万里之外的他闻讯时的欣喜之情。

> 平生未鼓湘江柁，万里投诗黄鹤楼。壮观百年今在眼，异时独上迥含愁。碧窗下涌樊山月，红叶斜连鄂渚秋。为报故人多酿酒，飞筵真作汉南游。
>
> ——朱彝尊《闻鹤楼成，赋寄楚中一二知己》

朱彝尊听说黄鹤楼重修后，高兴地给湖北的知己们写了此诗表示祝贺。在朱彝尊看来，黄鹤楼重修是一件可喜可贺的大事，是湖北知己们的骄傲。

从诗作来看，曾遍游天下的朱彝尊是十分喜爱黄鹤楼的，黄鹤楼的重修让他备感欣慰。作为一位学术大师，吸引他的不是建筑实体，而是黄鹤楼文化。楼的重修让黄鹤楼文化有了承传发展的物质载体，所以他赋诗向楚中知己们表示恭贺。

朱彝尊（1629—1709），字锡鬯，号竹垞，晚号小长芦钓鱼师，别号金风亭长，浙江嘉兴人。清代初期著名诗人、词人、学者、藏书家。清康熙十八年（1679），50岁的朱彝尊举博学鸿词科，平民身份的他被授予翰林院检讨，曾参与纂修《明史》。朱彝尊的诗与王士祯齐名，被称为南北两大宗师（“北王南朱”）。评论家说：“王才高而学足以副之，朱学博而才足以运之。”朱彝尊学识渊博，通晓经史，擅长诗词古文，推崇姜夔的词风，是浙西词派的创始者。

> 生有异秉，书经目不遗。家贫客游，南逾岭，北出云朔，东泛沧海，登之罘，经瓯越。所至丛祠荒冢、破炉残碣之文，莫不搜剔考证，与史传参校同异。
>
> …………
>
> 又言东林不皆君子，异乎东林者，亦不皆小人。作史者未可存门户之见，以同异分邪正。
>
> …………
>
> 当时王士祯工诗，汪琬工文，毛奇龄工考据，独彝尊兼有众长。著《经义考》《日下旧闻》《曝书亭集》。
>
> ——《清史稿》卷四八四

尽管家境贫寒，有过目不忘独特禀赋的朱彝尊酷爱读书，曾游历四方，真可谓“行万里路，读万卷书”。大器晚成的他，到了京城也是家中唯有藏书。《圆圆曲》的作者吴伟业也十分佩服他清苦的治学精神。朱彝尊参与了《明史》的纂修，以十分严谨公正的态度对待修史。针对当时盛行的“东林皆君子”的史学观点提出“东林不皆君子，异乎东林者，亦不皆小人。作史者未可存门户之见，以同异分邪正”的观点。朱彝尊学识广博，博采众长，具有很高的学术地位，康熙帝曾御赐给他“研经博物”匾额。

九、“黄鹤楼高不可登”

“黄鹤楼高不可登”，出自清代著名画家石涛（1642—1708）的《登黄鹤楼感赋》。建筑的高度来源于两个方面，一个是建筑实体的实际高度与所在位置，另一个是人们对建筑的心理感受。清代黄鹤楼尽管比前代更高，但仍是赏景佳地，黄鹤楼的位置依然位于黄鹄矶。所以说，从建筑实体上而言，黄鹤楼并非高不可攀；从人们的心理感受而言，清代黄鹤楼是“高楼面面簇芙蓉，好景真如画里逢”。那么，“搜尽奇峰打草稿”的石涛为什么说“黄鹤楼高不可登”呢？那是因为他登上黄鹤楼后幽怨难抑，正如其在《登黄鹤楼感赋》所言：“黄鹤楼高不可登，楚

图 7-10 石涛画像

哀湘怨思难胜。”黄鹤楼承载着太多的兴亡盛衰，在一生充满矛盾精神生活的石涛心中高不可登。

石涛与朱耷、弘仁、髡残一起被誉为“清初四僧”，是清初杰出的画家，他的画作和画论对中国传统绘画艺术产生了深远的影响。石涛本姓朱，名若极，小字阿长，削发为僧后，法号有元济、超济、原济、道济等，自称苦瓜和尚。他是明靖江王朱赞仪的十世孙，原籍广西桂林，生于广西全州。明亡后，石涛的父亲朱亨嘉自称监国，被唐王朱聿键处死。当时石涛年幼，由太监带走。出家后法名原济，字石涛，拜名僧旅庵本月为师。他喜欢游玩，曾屡次游览敬亭山、黄山及南京、扬州等地。在游南京时，得到了一枝长竿，又号枝下叟，别名阿长、钝根、山乘客、济山僧、石道人、一枝阁。他的别号很多，有大涤子、清湘遗人、清湘陈人、靖江后人、清湘老人等，晚号瞎尊者、零丁老人等。

石涛画作构图新奇。无论是黄山云烟、江南水墨，还是悬崖峭壁、枯树寒鸦，都力求布局新奇，意境翻新。他尤其善用“截取法”，用特写的景致传达深邃的意境。石涛作画讲求气势，他笔情恣肆，淋漓洒脱，不拘小处瑕疵，作品具有一种豪放郁勃的气势，以奔放之势见胜。他在艺术上主张重视生活感受，强调抒发情感，创造出豪放、磊落、独具风采的画风，对振兴当时画坛有着深远的影响，对清代以至现当代的中国绘画发展亦产生了深远的影响。他的画论《苦瓜和尚画语录》阐述了对山水画的认识，提出“一画说”，主张“借古以开今”“我用我法”和“搜尽奇峰打草稿”等，在中国画史上具有十分重要的意义。石涛对后世影响极大，作品历来被收藏家钟爱。现代画家张大千曾精研石涛画作，仿其笔法，几乎能以假乱真。

石涛既有国破家亡之痛，又两次接驾康熙帝，并与清王朝上层人物多有往来，内心充满矛盾。他既清高，蔑视权贵，又渴望成就大业；既

图 7-11　石涛绘《李白〈黄鹤楼送孟浩然之广陵〉图》

痛恨清朝统治者，又设法与清朝的王公贵族来往。但是，他的奋斗和交往过程证明，别人只是欣赏他的画作，只把他看作一位画工精湛的和尚而已。因此，晚年的他更加凄苦。他是在清高自许与不甘寂寞之间矛盾地度过了一生。

石涛一生游历天下名胜，黄鹤楼就在其中。《黄鹤楼图卷》就是他在游历黄鹤楼的基础上画就的名作，是他的代表画作之一。同《黄鹤楼图卷》相比，他的《登黄鹤楼感赋》更能表露他那充满矛盾的精神生活。

> 黄鹤楼高不可登，楚哀湘怨思难胜。黄鹤蹁跹杳何处，楼空惆怅江流去。江流滚滚绕山腰，大别岧峣秋气高。万家废井迷烟树，夹岸征尘卷暮涛。风高万顷来云梦，叠叠群峦岌摇动。飞帆忽蔽夕阳来，惊烽遥起骚人恸。劝君吊古漫沾衣，劝君怀仙早息机。黄鹤楼高登不得，羁心一片忆将归。

石涛的这首诗写于康熙元年（1662）深秋，当时石涛二十一岁。徽州文化研究学者汪世清先生说：“这是一首登临胜境、触景抒情诗，写得意境开阔，层次分明，颇有气魄。”来到这“登临千古客心哀”的黄鹤楼，国破家亡、漂泊异地的石涛心情是何等凄凉悲切。“黄鹤楼高不可登，楚哀湘怨思难胜”，表达了他那难以言表的内心苦痛。本来石涛已经遁入空门，不该再有尘世的爱恨情仇，可是他对生活的热爱超越了佛门的清空。这种难以排遣的苦痛只能自我排解，于是他自我解脱地说“劝君吊古漫沾衣，劝君怀仙早息机”聊以慰藉。“黄鹤楼高登不得，羁心一片忆将归”，恰是他一生归宿的写照。在与权贵的交往不称心后，“高处不胜寒”的石涛最终选择了孤独。“黄鹤楼高不可登”“黄鹤楼高登不得”，是他无法真正地被高层权贵容纳的诗意化表达。石涛非常喜欢这首诗，在石涛的多幅画作中都可以看到这首诗。

十、黄鹤楼下鹅字碑

但凡天下名胜古迹多有石刻碑铭，书法大家或者书法爱好者总爱在游历风景名胜时留下自己的墨迹，风景名胜的这些尽显书家个性的书法艺术又成为新的风景。黄鹤楼也不例外，古往今来留下了很多石刻碑铭。

在黄鹤楼的精品区——古碑廊中，有一方闻名遐迩的“鹅”字碑刻。因为这个“鹅”字与“书圣”王羲之“矫若惊龙”的章法相似，民间传说是王羲之亲笔所书。王羲之爱鹅如痴如醉，他与鹅的故事在民间也广为流传。李白的《王右军》写的就是王羲之以字换鹅的故事。

右军本清真，潇洒出风尘。山阴过羽客，爱此好鹅宾。
扫素写道经，笔精妙入神。书罢笼鹅去，何曾别主人？

图 7-12　钱选绘《王羲之观鹅图》

图 7-13　鹅字碑

相传，绍兴山阴有一位道士非常喜欢王羲之的字，可是王羲之是不轻易为人写字的。道士听说王羲之非常喜欢鹅，就心生一计。他精心放养了几只鹅，等待王羲之来观赏。一天，王羲之在山阴道上见到了道士养的几只红嘴赤掌、如雪似玉的大白鹅，喜欢得直拍手叫好，恳求道士卖给他。道士说：钱我不要，你若能给我们道观写一篇《道德经》，贫道当以白鹅相赠。王羲之欣然答应，随即专心书写，一气呵成。满心欢喜的道士把鹅赠给了他，王羲之高兴得竟顾不上告别，带着鹅迅速离去。

王羲之之所以爱鹅，主要是为了从鹅的举止中领悟书法艺术的“意境”。王羲之的书法，用笔干净，动中有静，意境清穆而含情致，似乎有鹅的那种神态美。清代著名书法家包世臣诗曰：“全身精力到笔端，定气先将两足安。悟入鹅群行水势，方知五指力难完。”

王羲之不仅爱鹅，而且也爱写“鹅”字。相传王羲之在黄鹤楼下放养着一群鹅，天天观察鹅的神态，从中领悟书法的神韵。一天，他与一位书生聊天时谈论起鹅，说鹅是“飞禽中的豪杰，白如雪，洁如玉，通体一尘不染”。他越说越投入，竟然忘我地在地上写出了一个“鹅”字。书生把这个“鹅”字临摹后收藏起来。后人把书生临摹的“鹅”字刻碑纪念，就是鹅字碑。也有人说鹅字碑是王羲之亲笔书写的，他在黄鹤楼下观察鹅的神态，有所感悟后，一笔写成了这个大大的“鹅”字。

其实，这个“鹅”字是门镇国于清康熙五十四年（1715）春在黄鹤楼一笔写成的，同年秋摹刻上石。门镇国，字澹人，辽海汉军旗人。康熙年间曾任湖北松滋知县九年。起初他不认识汉字，二十七八岁时才开始描摹名帖，喜欢临摹名家的书法拓片，酷暑严寒从不间断，终于成为书法名家。他尤其仰慕王羲之“鹅”字的神妙，自己制作了巨笔，苦练直径一丈的巨大“鹅”字，每逢到名胜地他就书写“鹅”字。传说他自制如椽大笔，常悬于窗间。一天，毛笔锋头忽然散开，像一朵五色花，人谓“其精神专注，故管城效灵耳”。松滋人庞洵有诗赞叹曰：“石碑刊书法，纵横势径丈。曾闻五色花，幻自笔头放。”

据清同治年间编纂的《黄鹄山志》卷四记载：“鹅字石刻，在黄鹤楼斗姥阁东墙壁，腕力遒劲，笔势飞舞，其署款曰辽阳海门镇国澹人氏自识。”说明了该碑是清代辽海人门镇国所书，并非王羲之墨迹。

原碑高2.3米，宽1.4米，厚18厘米，所镌草书“鹅”字，几乎占满碑石。笔画粗壮处达16厘米，笔力刚劲，气势雄浑，风格豪放。如果没有惊人的腕力与肘力，不可能达到这种书法境地。鹅字碑右侧款识与左下侧印章的有些部分已经模糊不清，但从前期的拓片中可见其全貌。尤其是一笔“鹅”字，至今仍然保持完整。

此碑原在蛇山斗姥阁，后来存放在抱冰堂。20世纪60年代末到70

年代初此碑曾碎成十余块，扔在荒草乱石中，黄鹤楼重建后，将这块石碑复原移到古碑廊中。另外根据旧拓本重镌一块鹅字碑立于鹅池边，并修建了一处鹅碑亭来保护石碑。

十一、黄鹤楼东搁笔亭

在今天黄鹤楼公园的南区，黄鹤楼以东132米处有一座搁笔亭，这座亭子取自诗仙李白搁笔的故事。李白黄鹤楼搁笔的故事早在宋代就有记载，而搁笔亭直到清代才建立。搁笔亭的修建，源于清代著名戏剧家孔尚任。

孔尚任（1648—1718），字聘之，又字季重，号东塘，别号岸堂，自称云亭山人，山东曲阜人，孔子六十四代孙，清初诗人、剧作家。1684年康熙南巡回京，专程到曲阜祭孔。康熙帝在曲阜期间，三十七岁的孔尚任在御前讲经，颇得康熙帝赏识，破格授为国子博士，赴京就任。

相传，康熙帝在祭拜孔子墓时遇到了尴尬的一幕，孔尚任机智地为康熙帝解了围。当时，太牢猪、牛、羊三牲在供桌上摆好，地上黄毡也已铺就，一切都已准备停当。这时康熙帝在前，文武百官在后，准备祭祀。当康熙帝走到孔子墓前准备跪拜时，发现墓碑上的字是“大成至圣文宣王之墓”，便尴尬地站在那里。接着，祭祀的鼓乐奏起，康熙帝皱了皱眉，仍站着不拜，众人全都愣住了。孔尚任立刻明白了其中缘由。原来，皇帝是只拜师不拜王的。于是他马上叫人拿来一匹黄绸，把碑文中的“文宣王”盖住，并添上“先师”两字，露出“大成至圣先师”，康熙帝马上开始祭拜。为了避免以后类似的尴尬事件发生，孔子墓碑前修了一堵矮墙，将墓碑遮去了三分之一，只露出“大成至圣文宣干”，“王”字底下一横被遮住。

三十九岁时，孔尚任奉命赴江南治水。这个时期，他的足迹几乎踏

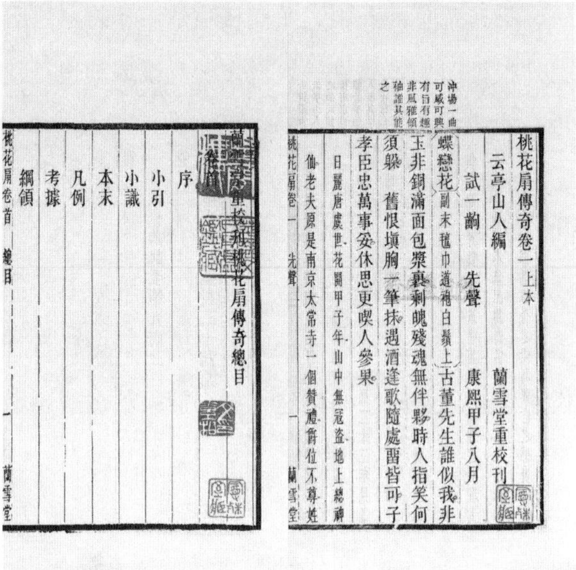

桃花扇傳奇卷一 上本 蘭雪堂重校刊
云亭山人編
試一齣 先聲 康熙甲子八月
蝶戀花 副末氈巾道袍白鬚上 古董先生誰似我非
玉非銅滿面包漿裹剩魄殘魂無伴夥時人指笑何
須躲 舊恨塡胸一筆抹遇酒逢歌隨處留皆可子
孝臣忠萬事妥休思更喫人參果
日麗唐虞世花開甲子年山中無寇盜地上總神
仙老夫原是南京太常寺一個贊禮爵位不尊姓
桃花扇卷一 先聲 一 蘭雪堂

蘭雪堂重校刊桃花扇傳奇總目
序
小引
小識
本末
凡例
考據
綱領
桃花扇卷首 總目 一 蘭雪堂

图 7-14 《桃花扇》书影

遍南明故地，并与一大批有民族气节的明代遗民结为知交，加深了对南明兴亡历史的了解。他积极收集素材，准备创作一部反映南明历史的戏剧《桃花扇》。经过十余年努力，三易其稿，清康熙三十八年（1699），五十二岁的孔尚任终于写成了《桃花扇》。一时洛阳纸贵，不仅在北京频繁演出，就连“万山中，阻绝入境”的楚地容美（今湖北鹤峰县）也有演出。他与《长生殿》作者洪昇并称为“南洪北孔”。《桃花扇》与汤显祖的《牡丹亭》、洪昇的《长生殿》并称昆剧三大代表剧目。2008 年，著名女导演田沁鑫执导、江苏省昆剧院编排的《1699·桃花扇》在国内外公演，引起强烈反响，这是继白先勇的青春版《牡丹亭》后又一部昆曲力作。

《桃花扇》的成功让孔尚任成为载入史册的著名戏剧家，但是这部带有反清性质的戏剧惹恼了康熙帝。康熙帝盛怒之下，孔尚任遭免职，

图 7-15　搁笔亭

在老家曲阜度过了余生。

清康熙四十八年（1709），已过花甲的孔尚任应友人邀请，兴致勃勃地来到武昌。在游览黄鹤楼时，最令他感慨的是崔颢题诗使“诗仙”李白搁笔的故事。他佩服崔颢杰出的才华，也敬仰李白的气度，认为黄鹤楼没有纪念此事的建筑是非常令人遗憾的，于是起意将楼附近一座无名小亭命名为“搁笔亭”，并为之赋诗四首。孔尚任在《题搁笔亭》诗前的序文中写道：

> 黄鹤楼在黄鹄矶头，其名虽久，实显于崔司勋之诗。李太白惊见崔诗……遂阁（搁）笔而去。是崔之诗名，又显于太白。后世盛传白云、黄鹤之句……至于太白遗迹，竟未有及之者，更一缺事！闻旧有太白堂，一廊直通楼下，规模甚壮，今改为亭……游者历阶而过，不知此为何迹也。

予徘徊亭下，遍读近人之诗，因口占四绝，书之粉板，并拟亭名于诗前，特为此地补此缺事，且以知天下名山胜境，皆显于落拓之文人，而太白旷世逸才，乃能虚怀服善，其谦德尤为可传云。

他在《题搁笔亭》诗其二中说“唐人不及今人胆，敢续崔郎以后诗”，表达了自己恃才傲物的一面。

原亭在清同治年间毁于兵燹。1984 年在规划黄鹤楼园林文化景区时，设计者很自然地想起“搁笔”这则体现“文人相亲”的美谈，遂确定重建搁笔亭。1991 年 4 月重建的搁笔亭坐南朝北，长 8.5 米，宽 8.25 米，高 8.72 米，钢筋混凝土仿木石结构，有 12 根古铜色粗柱，柱高 3 米，柱围 1 米。亭中间置有石长条案，案上放有石墨砚和笔筒，并配有 4 个石腰鼓凳，别含雅趣。亭柱上的楹联是嘉庆年间江夏县令曾衍东为太白堂所拟的旧联“楼未起时原有鹤，笔从搁后更无诗”，由湖北潜江籍戏剧家、时任中国文联主席的曹禺所书，亭名为诗人臧克家重新书写。

十二、“一楼高踞浪花上”

黄鹤楼位于临江的黄鹄矶上，依山傍水。赞美黄鹤楼的诗歌多描绘黄鹤楼高入云天的巍峨。尽管山下的大江浪花翻滚，可无论怎样风高浪急，浪花也难以飞溅到位于山巅的黄鹤楼。只有想象奇特的人才能写出“一楼高踞浪花上”这令人遐想万千的诗句，那么这个人又是谁呢？他就是袁枚。

袁枚（1716—1798），字子才，号简斋，晚年自号仓山居士、随园主人、随园老人，浙江杭州人。乾嘉时期代表诗人之一，与赵翼、蒋士铨合称“乾嘉三大家”。二十四岁时参加科考，试题是《赋得因风想玉珂》，诗中有“声疑来禁院，人似隔天河”的妙句，然而总裁们以为“语涉不庄，将置之孙山”，幸得当时刑部尚书尹继善挺身而出，才免于落榜。大学士史贻直见到他所写策论后，称赞他是汉代策论大家贾谊再世。

清乾隆八年至十年(1743—1745)，袁枚任江苏沭阳知县，当时正值盛世，沭阳民间却是万户萧疏，悍吏横行。袁枚到任不久，就开仓赈灾，修筑了六塘子堰，采取多种抗灾措施，恢复和发展农业生产，很快就取得了成效。他还严厉管束家属、下属、衙役，不准扰民害民。为官期间，治理有方，社会秩序大为稳定。他与耕夫、蚕妇、工匠、商贩、书生皆有交往，百姓称他“大好官”。乾隆十年（1745），他离任沭阳时，百姓夹道送行，攀车饯酒，洒泪话别。乾隆五十三年（1788），七十三岁的袁枚，受沭阳知名人士吕峄亭的邀请，又来沭阳做客，沭阳各界在三十里外迎接。袁枚在《重到沭阳图记》中深有感触地说：“视民如家，居官而不能忘其地者，其地之人，亦不能忘之也。”

袁枚是性情中人，无法适应互相倾轧的官场，三十三岁时辞官养母。他花了三百两银子在南京购置了隋氏废园，该园原为曹雪芹祖父江宁织造曹寅的织造园。购置时园子荒废已久，袁枚加以整治，“随其丰杀繁瘠，就势取景”，取名为“随园”，后世称其为“随园先生”。他的《杂兴诗》描写了随园的景致：

造屋不嫌少，开池不嫌多。屋少不遮山，池多不妨荷。
游鱼长一尺，白日跳清波。知我爱荷花，未敢张网罗。

随园四面无墙，每逢佳日，游人如织，袁枚在门联上写道“放鹤去寻山鸟客，任人来看四时花”。他在这里生活了五十多年，还题写了一副自我写照的对联：“不作高官，非无福命只缘懒；难成仙佛，爱读诗

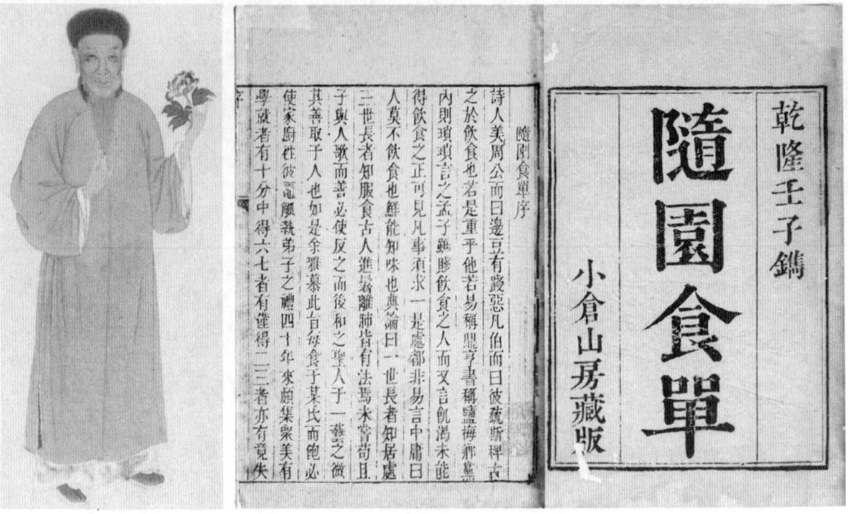

图 7-16　袁枚画像与《随园食单》书影

书又恋花。”

袁枚在文学上成就与纪晓岚齐名，人称“南袁北纪”。著有《小仓山房诗文集》《随园诗话》《随园随笔》《随园食单》等。他的《祭妹文》感情真挚，流传至今。他倡导“性灵说”，是性灵派创作理论的提倡者。性灵即性情，他以为“诗者，人之性情也，性情之外无诗”。袁枚提倡妇女文学，广收女弟子。袁枚的女弟子们大多为出身江南大家的名门闺秀，在他的门下读书习文。性情真挚的袁枚十分热爱生活，他是个深得生活滋味的美食家，根据自己的美食经历写就了中国饮食文化史上的里程碑式著作《随园食单》。

天才颖异。论诗主抒写性灵，他人意所欲出，不达者悉为达之。士多效其体。著《随园集》，凡三十余种。上自公卿，下至市井负贩，皆知其名。海外琉球有来求其书者。然枚喜声色，其所作亦颇以滑易获世讥云。卒，年八十二。

——《清史稿》卷四八五

从《清史稿》的记载来看，袁枚在当时的影响颇大，他的著作受到各个阶层的喜爱和追捧，甚至国外琉球都有人来求他的著作。究其原因，其作品不但文辞华美，而且处处流露真性情，这种求真的性情是人的共性，所以袁枚的作品能引起各类读者的共鸣。

袁枚晚年钟情山水，他遍游大江南北的名山胜景。当年他来到武昌时，正值冬日雪花飞舞，袁枚像明代初期的杨基一样，登上黄鹤楼赏雪。

汉水茫茫摇白浪，一楼高踞浪花上。相传黄鹤此间飞，至今犹画仙人像。仙人一来不再来，我竟两次腾麻鞋。更值天公张玉戏，雪花片片飞瑶台。鹦鹉洲，汉阳树，远望迷离一匹布。妙手描成白泽图，长江化作银河渡。卅年看雪俱在家，今年看雪天之涯。达人行乐足向神仙夸，可奈想杀小仓山里千梅花。长揖与仙约，借我黄仙鹤。骑上鹤发翁，鹤翅休氍毹。趁此高楼西北风，送我连夜还山中。一天明月一枝笛，踏破琼瑶万万重。

——袁枚《黄鹤楼看雪》

袁枚乘着想象的翅膀，与黄鹤楼上的昔日仙人心神交往。这首性情流露、情意真挚的长诗，把读者带进了一种奇特的梦幻境界，仿佛在骑鹤畅游飞花琼玉的神仙世界。

十三、“江边杰立此名楼”

黄鹤楼千百年来屹立在江边山巅，是一座文化名楼。黄鹤楼文化里没有卿卿我我的儿女情长，有的是气吞山河的雄伟气魄、忧国忧民的天下胸怀、友谊地久天长的真挚情感。所以，黄鹤楼就像一位重情厚谊、胸怀天下的英雄豪杰屹立在江边。清代的邓石如说“江边杰立此名楼”，把黄鹤楼文化之魂精炼为一个“杰”字，可说是一字重千斤。

邓石如（1743—1805），清代书法大家和金石学泰斗，邓派的创始人，安徽怀宁人。原名琰，因避嘉庆皇帝讳，以字行，自号顽伯、完白山人、完白山民、龙山樵长、凤水渔长、笈游道人和古浣子。邓石如家境贫寒，只读过一年私塾，辍学后靠上山打柴和卖饼维持生计，后来以刻印卖字为生。

邓石如二十岁左右开始了游历生涯，浪迹江湖，四处寻师访友。三十岁后，通过友人梁巘介绍，陆续认识了南京梅缪三兄弟等友人，遍观梅家收藏的金石善本，凡名碑名帖总要临摹百遍以上。史载他在梅家的八年中“每日昧爽起，研墨盈盘，至夜分尽墨，寒暑不辍”。四十岁时，他离开梅家，遍游各处名胜，临摹了大量的古人碑碣，锤炼了自己的书刻艺术。邓石如对书法篆刻的执着使他成为清代碑学书家巨匠，他以隶法作篆，突破了千年来玉箸篆的藩篱，为清代篆书开辟了一个新天地。他的印章“疏处可以跑马，密处不使透风”。他擅长四体书，被清代书法评论名家包世臣誉为“四体皆精，国朝第一”。以“我自成我书”自负的“浓墨宰相”刘墉见到邓石如的字后，拍案惊呼道：“千数百年无此作矣！”康有为评价他是清代碑学创始人。

书法评论家公认清代书坛领袖是邓石如。他们在谈及清代书法家的书法史地位时说，宰相刘墉和内阁大学士翁方纲都不如一介布衣的邓石如。清乾隆五十五年（1790），户部尚书曹文埴进京为乾隆皇帝祝贺八十大寿时，邀邓石如同往。自此，邓石如的书法名震京都。乾隆帝十分喜爱他的作品，但是“名利于我如浮云”的邓石如甘做布衣。他曾在湖广总督毕沅府中做幕僚，三年后“性本爱丘山”的他辞去职务，回到老家。

回乡后，邓石如买了四十亩田地，第二年建了一栋书屋，亲书匾额“铁砚山房”。以后的十年，他不顾年迈，常游于京口（今镇江）、南京、扬州、常州、苏州、杭州等地。临终前一年还登临泰山，会晤友人，切磋技艺。他的好友、桐城派散文大家姚鼐曾给他写过这样一副对联：“茅屋八九间，钓雨耕烟，须信富不如贫，贵不如贱；竹书千万字，灌花酿酒，益知安自宜乐，闲自宜清。”

这只是好友对他的人生态度评价。我们不得不佩服姚鼐的文学才华，但是姚联与邓石如“铁砚山房”上的自题长联相比就略输文采了。

沧海日、赤城霞、峨眉雪、巫峡云、洞庭月、彭蠡烟、潇湘雨、武夷峰、庐山瀑布，合宇宙奇观，绘吾斋壁；

少陵诗、摩诘画、左传文、马迁史、薛涛笺、右军帖、南华经、相如赋、屈子离骚，收古今绝艺，置我山窗。

长联表明他一览宇宙奇观，通晓古今绝艺，把自然奇观与人文绝艺汇聚于自己的书法之中。

邓石如是一览宇宙奇观、通晓古今绝艺的书法大师，黄鹤楼是汇聚千年人文绝艺的宇宙奇观，所以邓石如能用一“杰”字点明黄鹤楼的文化内涵。他在武昌做湖广总督毕沅的幕僚期间，登上了这座“天下江山第一楼”，赋诗有两首，其一为《和毕秋帆制府〈黄鹤楼〉诗》：

矶边鹄去藓苍苍，矶上飞楼金碧光。丹磴迹留仙费老，沧流绩仰夏先王。寰中岁月涛头白，槛外风沙鹤背黄。玉笛一声江汉晓，平颁春色遍遐荒。

这首诗是邓石如的书法作品《黄鹤楼诗》隶书轴中的内容，落款是“登黄鹤楼和毕制府韵，壬子嘉平于龙山樵舍，呵冻脱稿。古皖石如邓琰”，为其五十岁时所作。从落款来看，诗是邓石如在毕沅府中做幕僚期间所作，而隶书轴是一个寒冬之日在龙山樵舍完成的。这幅黄鹤楼书法作品已成为邓石如流传至今、为数不多的作品中的精品。

第八章
清末民国年间的黄鹤楼

清代同治黄鹤楼被大火烧毁后，人们一直希望能够重建黄鹤楼。但是当时的清王朝已经处于风雨飘摇之中，地方当局没有财力和精力重修黄鹤楼。清末民国的百年间，是中华民族屈辱的百年，民族危机深重，山河破碎，人民流离。与国家、人民命运相关联的黄鹤楼，在 1884 年毁于火灾后便仅存旧址。为了弥补黄鹤楼毁掉后的遗憾，湖北当局曾先后在黄鹤楼旧址旁修建了警钟楼和奥略楼。

尽管从张之洞任湖广总督起就有了重建黄鹤楼的计划，但是直到新中国成立，黄鹤楼的重建计划也未付诸行动。

一、清末修建警钟楼

端方（1861—1911），清末大臣，金石学家。本为汉族人，姓陶，满洲正白旗人，字午桥，号陶斋。戊戌变法期间一度支持变法，变法失败后在慈禧太后的宠臣荣禄和太监李莲英的保护下，没有受到株连。1898 年，清政府在北京创办农工商总局，由端方主持局务。他趁机呈上《劝善歌》，受到慈禧赏识，被赐三品顶戴。

1900 年，端方在代理陕西巡抚期间，八国联军占领北京，慈禧带领光绪皇帝西逃至西安，端方因接驾有功而被提拔升迁。1901 年，端

图 8-1 端方

方升任湖北巡抚，于 1904 年修建了警钟楼。1905 年，清政府实行预备立宪时，端方作为考察大臣出访日本和欧美等十国，考察各国宪政。端方回国后，总结考察成果，上奏《请定国是以安大计折》，主张以日本明治维新为学习蓝本，尽快制定宪法。端方还把自己编写的《欧美政治要义》献给了慈禧，该书被认为是中国近代立宪运动的重要著作。宣统元年（1909），端方在慈禧出殡时因拍照惊扰隆裕皇太后而被罢官。1911 年，端方被清政府命令率军到四川镇压保路运动，其间新军发生兵变，端方及其弟端锦被新军军官刘怡凤杀死。

光绪三十年（1904），时任湖北巡抚的端方在黄鹤楼故址附近主持修建了一座双层楼房。楼顶上修了一座钟塔，装有大自鸣钟，周边民众把这座楼称为“钟塔”或“警钟楼”。后来有人在楼上开了一家酒馆，取名“纯阳楼”。“纯阳”是指“八仙”之一的吕洞宾，店家想借助黄

图 8-2 清末警钟楼

鹤楼的这个传说来提高名声。其实，警钟楼在建筑形制、规模以及风格气势上与黄鹤楼相差甚远。

黄鹤楼是一座中国传统楼阁建筑，气势宏伟，高耸云天，体现了博大精深的中国文化。警钟楼是一座近代西方式建筑，楼高两层，每层长宽各三开间，四面门窗均为西式半圆形拱式，外部建筑颜色为红色。楼顶为正方顶，在楼顶的一角有一座灯塔。

在近代，警钟楼是用来报火警的钟楼，上海等其他城市也建有类似的建筑。1911 年 10 月辛亥革命期间，革命军把“兴汉灭满”大旗插在了警钟楼上。1926 年，北伐军攻占武汉后又把青天白日旗插在警钟楼上。1927 年，武昌警钟楼改为专司火警的瞭望台。当时报火警时，先敲乱钟，停顿一下，后按响数报地段：一响为蛇山以北地区失火，二响为蛇山以南地区失火。

1933 年，湖北省会公安局在武昌地区设置八个分局建制，从此在警钟楼常年设瞭望警员三名，采用悬旗、鸣钟、燃灯三种信号。如遇火警，不论白天黑夜，应先急撞警钟，后以八个分局管辖地段为番号鸣钟，白天通过悬旗颜色的不同分别表示某分局管辖地段失火。夜间遇有火警即燃红色电灯，以盏数的多少区别某分局管辖地段；如遇停电，则用红色纱灯代替。无论白天黑夜，火灾扑灭后，旗帜、红色电灯或红色纱灯一概落下。该规定经武汉警备司令部核准，由湖北省会公安局消防队和武昌各善堂救火会共同执行。这一火警信号发布办法一直沿用到 1949 年武汉解放前。

1938 年武汉沦陷后，警钟楼有所损毁。日军把警钟楼误认为黄鹤楼，拍照宣传，还在上面悬挂着太阳旗。1945 年抗战胜利后，湖北省会警察局于 1947 年 3 月将警钟楼修复。1949 年 5 月 16 日武汉解放后，武汉市公安总局军事管制委员会武昌军管组的杨恺同志作为代表，在 5 月 25 日接管了这座警钟楼。1956 年修建长江大桥时，警钟楼被拆除。

二、张之洞与奥略楼

端方修建警钟楼三年后，黄鹤楼故址旁修建了一座风度楼，这座楼是清光绪三十三年（1907）湖北地方乡绅和学界为纪念张之洞升迁进京而建造的。

张之洞（1837—1909），字孝达，号香涛、香岩，又号壶公、无竞居士，晚年自号抱冰，河北南皮人。张之洞出生于贵州安龙，少时在安龙长大。他博闻强识，文采出众。他写的《半山亭记》，名噪一时，这篇文章被全文刻在了安龙招堤畔的半山亭。十二岁时，张之洞就在贵阳刊出了诗文集《天香阁十二龄课草》。咸丰二年（1852），张之洞回南皮参加乡试，名列榜首。《清史稿 · 张之洞传》载：“少有大略，务博览

图 8-3　张之洞在办公

为词章，记诵绝人。年十六，举乡试第一。”

张之洞与张佩纶、黄体芳、宝廷、陈宝琛、吴大澂、张观准、邓承修、何金寿等人是晚清清流派重要成员，一起评论时政，抨击奕䜣、李鸿章等洋务派官僚，有“四谏”“六君子”“十朋”之称。张之洞与曾国藩、李鸿章、左宗棠并称晚清“四大名臣”。他是洋务派代表人物之一，提出“中学为体，西学为用”思想，这是对洋务派和早期改良派基本纲领的总结和概括。

毛泽东高度评价了张之洞在中国民族工业发展方面的贡献：“提起中国民族工业，重工业不能忘记张之洞。”张之洞自清光绪十六年（1890）由两广总督调任湖广总督，在湖北执政十八年。作为洋务派首领之一，他在武汉开办了多家近代化企业。

光绪十七年（1891）元月，汉阳炼铁厂正式破土动工。两年以后，所属炼生铁厂、炼贝色麻钢厂等陆续建成。光绪二十年（1894）六月，高炉开炼，张之洞亲临铁厂视察一周。汉阳炼铁厂的建成投产，比日本第一家近代钢铁联合企业八幡制铁所早七年。它的规模在当时的亚洲首屈一指。光绪十八年（1892）湖北枪炮厂动工，两年后落成，起初与汉阳炼铁厂合署办公，由蔡锡勇主持。张之洞要求湖北枪炮厂“器必求精求新”，他通过驻德公使许景澄订购当时最先进的小口径枪、新式快炮及炮架、炮弹、枪弹等成套设备，不惜屡屡追加货款。该厂生产的七九式步枪、陆路快炮、过山快炮，均属当时较先进的军事装备。除此之外，张之洞还设立了织布、纺纱、缫丝、制麻四局，筹备修建芦汉铁路（即现在的京广铁路卢沟桥至汉口段），编练湖北新军。

张之洞非常重视教育，兴办了各类学校，派遣留学生。1903 年秋，端方根据张之洞所定章程，拨专款在武昌阅马厂创办幼稚园，这是湖北乃至中国第一所幼稚园，开创了中国幼儿教育的先河。同治八年（1869），张之洞在任湖北学政时创办了经心书院，院址在武昌三道街文昌阁。张之洞令书院仿行学校办法开设外文、天文、格致、制造四门，分年轮流学习，另设经史一门，讲授“四书”义理及中国历史。由此，经心书院演变成新式学堂。

光绪十六年（1890）四月，张之洞在武昌营坊口都司湖畔创建两湖书院。因办学经费主要出自湘、鄂两省茶商，所以取名“两湖书院”，招收湖北、湖南两省学子入学肄业，每省招收两百名。为酬谢茶商资助，专门招收茶商子弟四十人。后来两湖书院改为高等学堂，又称两湖大学堂，不久成为两湖总师范学堂。光绪十九年（1893）十一月，张之洞创办自强学堂（武汉大学的前身）。学堂位于武昌城内铁政局旁，初设方言、格致、算学、商务四门，每门招生二十人。光绪二十二年（1896），算学改归两湖书院，格致、商务不再单独设门，只作为课程附到其中，以强化外语人才的培养，方言一门扩大为英语、法语、德语、俄语四门，每门招生增至三十名，后又增设日语。五年毕业后，必须用自己的外语才能报效国家，如果改行、在洋行做翻译，必须归还所有学习费用。1903 年，自强学堂改为方言学堂，校址迁至武昌东厂口正街原农务局旧址，人们因此也就把东厂口正街叫方言街。方言学堂后来发展成国立武昌高等师范学校、国立武昌大学。

张之洞督鄂期间十分热衷于派遣学生出国游学，他认为“出洋一年，胜于读西书五年”。在游学方向上，张之洞认为，“西洋不如东洋”。光绪二十二年（1896），他派出湖北第一名公费留日学生戢翼翚（1878—1908），以后又陆续派出大批学生赴日学习实业、师范、法律、警察、军事。“据光绪三十三年的统计，留日学生全国各省共计 5400 多名，湖北所派学生即有 1360 余名，占了四分之一，所以湖北在当时有先进省之称。”（冯天瑜、何晓明著《张之洞评传》）

清光绪三十三年（1907），七十岁的张之洞被调任军机大臣。张之洞的老部下和门生故吏为了纪念他在湖北的政绩，在原黄鹤楼故址附近醵资准备为他建造一座风度楼。张之洞在北京听到这一消息后，立即致电阻止，但又说“出于本官去后之思慕”“点缀名胜、眺望江山，大是佳事”。这些部下、门生领会了张之洞的深意，照常集材施工。张之洞说“此楼形势，关系全鄂，不当为一人所私”，根据《晋书·刘弘传》中“恢宏奥略，镇绥南海”的语意，亲书“奥略楼”三字匾额送鄂，并题写了一副对联“昔贤整顿乾坤，缔造先从江汉起；今日交通文轨，登临不觉亚欧遥”，风度楼遂改名为奥略楼。

尽管张之洞兴办近代化工厂、修筑铁路、兴办新式学堂，但是时人对他的评价褒贬不一。1907 年，湖北按察使梁鼎芬与张之洞的门生故交在奥略楼后空地为张之洞建生祠。1909 年张之洞去世后，改为张公祠。每年农历八月初三是张之洞的生辰，地方官吏须率领各界人士到这里举行纪念仪式。祠堂后来发生火灾，1920 年由湖北省教育厅重建。1929 年，因为墙宇倾斜，被湖北省建设厅拆毁。当时的武汉行营负责

图 8-4　民国初年的奥略楼

人何成浚是张之洞的门生，又募款重建，1936 年开工，次年落成。

与警钟楼不同的是，风度楼沿用了楚地古楼阁的建筑风格，在某些方面与黄鹤楼相似。奥略楼高三层，楼体呈矩形，屋顶前方建小骑楼式檐顶，高悬“南维高拱”匾额，也有“大江东去，爽气西来”的对联，又坐落于黄鹤楼故址附近，多年来被游人当成黄鹤楼。该楼在 1955 年修建长江大桥时被拆除。

十三岁那年，张之洞回故乡南皮应童子试，曾游过一次黄鹤楼。他在给黄鹤楼的题联中说：“江汉美中兴，愿诸君努力匡时，莫但赏楼头风月；辎轩访文献，记早岁放怀游览，曾饱看春暮烟花。”“早岁放怀游览”，说的就是早年游览黄鹤楼的事情。

张之洞在湖广期间曾经计划重建黄鹤楼。他吸取了历代黄鹤楼的毁坏多缘于雷震火灾的教训，计划筹建一座铁质黄鹤楼，用汉阳钢铁厂的铁铸造一座大火难熔的铁楼，但是他的这种不切实际的想法在那个时代只能是空中楼阁。黄遵宪《己亥杂诗》中的“擎天铁柱终虚语，空累尚书两鬓丝”，讲的就是张之洞修建铁楼计划落空的事。

三、故址之上“国父”游

1912 年 4 月 1 日，孙中山在南京公布《参议院法》，随后辞掉临时大总统职务去了上海。在上海没住上几天，孙中山就被黎元洪以副总统和鄂督的身份函约访问首义之地武昌。4 月 9 日，孙中山及其夫人卢慕贞，儿子孙科，女儿孙瑗、孙琬，随员宋子文、胡汉民、汪精卫、景耀月、程明超等，分乘“联鲸”与“湖鹗”两轮到达汉口。在黎元洪的安排下，第二镇统制王国华和第四镇统制蔡汉卿（希圣）等人在汉口迎接。然后，孙中山等人换乘“裕川”轮过江，在武昌文昌门码头上岸，然后

图 8-5 红楼的孙中山雕像

换乘马车经长街（今解放路）前往鄂军都督府。武昌城内遍挂五色旗，儿童们多信口唱：“孙先生，打满清，把黄兴（一说‘把汉兴’），守南京。到湖北，是福星，他说话，我爱听。”

10日下午3时，孙中山等兴致勃勃地访问了文昌门两旁的“湖北布纱丝麻四局”，当时这里正因进行承包人交替而停产。孙中山感叹道，四局规模大，设备好，这样不计成本地停产太可惜了。为此他反复叮嘱陪同官员转告黎元洪，要尽快帮助四局早日开工。之后，孙中山等沿着黄鹄矶由汉阳门进城，来到了黄鹤楼故址，参观了奥略楼、抱膝亭、吕祖阁、鹅字碑等名胜。在此迎候的社会各界代表邀请孙中山先生讲话，孙中山及随行人员应邀在奥略楼前作了简短致辞，并与代表们一起合影留念。孙中山对重建黄鹤楼表示关注，但是在那个时局混乱的时代，这只能是一种愿望。

四、鄂州名胜为之悲

1921年4月6日的《大汉报》发表评论：“武人的举动不过尔尔，现在又有人倡议重修黄鹤楼，却向军界募款，我人闻之，不免为鄂州名胜一哭。”这篇评论讽刺的是时任湖北督军兼省长王占元借重修黄鹤楼的名义募款敛财的卑鄙行径。

王占元（1861—1934），原名德贤，字子春，河北馆陶县人。北洋政府时期，官至陆军上将、湖北督军，以贪婪卑鄙著称。十八岁时，王占元因生活所迫在淮军刘铭传部当兵。1895年12月，王占元随袁世凯在天津小站练兵，后升任清军高级将官。1911年10月10日，武昌起义爆发，王占元跟随荫昌的第一军攻打武昌。

1915年8月，袁世凯开始阴谋称帝，王占元积极拥护。10月3日，被袁世凯封为“庄威将军”。12月21日，被封为“一等侯”。1916年，

图 8-6　王占元

他借湖北宜昌附近山洞发现龙骨化石之机编造离奇神话，向袁世凯献媚说“天眷民佑，感应昭然”。袁世凯让他保护好龙骨，并让史馆记入史册，成为人们的笑料。1916 年 7 月 6 日，黎元洪任命王占元为湖北督军。24 日，特命王占元兼任湖北省省长。

1919 年，王占元计划重修黄鹤楼，想借此名垂青史。他派人四处募捐，又用“军事附铸”的名义，命令铸币厂在铸造双铜圆的项下，每串提出一成盈余作为重建黄鹤楼的储备基金。到 1920 年 3 月，募集到 5000 两白银，但是这些银两仍然不够。王占元命人发通告，倡议募捐，又打算召集武汉各界名流开个筹备会，商讨筹款事宜。由于王占元十分贪婪，克扣军饷，引发湖北省内十几次兵变，忙于处理兵变的王占元再没有心思筹集款项。1921 年 4 月，万诚安等人向王占元提起重修黄鹤楼事宜，要继续募集修建善款来完成重建计划。王占元的倒行逆施引起了湖北各地的“倒王运动”，要把王占元驱逐出湖北。为保住官位的王占元哪里还顾得上这事，于是让万诚安等人先同地方士绅商讨，再同军界、商界商讨，然后由军、政、商、学等各界分别捐助。1921 年 8 月 9 日，北洋政府大总统徐世昌免去了王占元湖北省省长的职务，王占元携带一家老小仓皇逃往天津，重修黄鹤楼的计划成了泡影。

五、“问黄鹤几时来临”

1924 年左右，在武汉三镇流传着一首民谣：“督军一纸空文，省长一事无成。马路冇修城还在，问黄鹤几时来临？”其中的督军指的是萧耀南，省长指的是刘承恩。这首民谣讽刺的是萧耀南、刘承恩重修黄鹤

图 8-7　萧耀南

楼计划落空，让武汉人民空欢喜一场的史实，同时也表达了武汉人民重修黄鹤楼的殷切之情。

萧耀南（1875—1926），字珩珊、衡山，武汉新洲人，祖籍浙江兰陵，人称萧兰陵。北洋政府时期，历任第二十五师师长、湖北督军、两湖巡阅使，湖北省长等职。王占元被驱逐出湖北后，在其“省长一职乃以鄂人刘承恩最为合适”的建议下，北洋政府任命刘承恩为省长、萧耀南为督军。

1922 年，武汉的士绅和商界代表拜见萧耀南，希望他能重修黄鹤楼。萧耀南同王占元一样，是个大军阀，不过他是秀才和教书先生出身，相比于一介武夫王占元来说更能理解重修黄鹤楼的意义。萧耀南非常爽快地答应了，表示要尽最大努力重修黄鹤楼。

1922 年 4 月，萧耀南与省长刘承恩共同向湖北省财政厅下达了筹措重修黄鹤楼款项的训令，要求“重建黄鹤楼，圈入旧臬署，辟为公园，并及各项景点”，并委任武昌商会会长徐荣廷和巨富李紫云为督修，负责黄鹤楼的重建事宜。训令下达后，省财政厅厅长熊祥生立即会同湖北省警务处处长崔振魁、江汉道道尹周英杰磋商，并让武昌商埠局局长列席。会后财政厅提交了呈文，认为黄鹤楼为历代名胜重地，久毁无存，应重行建筑，以宏观瞻。但修楼任务艰巨，非素有经验者不可胜任，拟请委熟悉工程的前鄂军第三师师长蔡希圣主其事。徐荣廷、李紫云是武汉工商界的首脑人物，有很强的号召力，重修黄鹤楼也是湖北父老的心愿，所以筹措款项很顺利。1924 年 8 月，萧耀南在武昌召集官、商、学各界知名人士商谈筹款事宜，出席的九十四人合计认捐资金八万元。加上王占元时期的三十万元，筹款共计三十八万元。上海的《字林西报》在报道时说“足敷开工兴建之用”。徐荣廷、李紫云购买材料，准备开工。他们打算把黄鹤楼修成“制犹昔而工加固，凡属栋、梁、柱、椽等等，均以金属和石料代替木材，虽大火不能燔”。前清进士、翰林院编修胡大华闻讯后激情昂扬地写就了一千六百余字的《拟重建黄鹤楼记》。令人意想不到的是，就在工程开工之际，有人抨击此举，认为重修黄鹤楼不能让少数人承担，应由全体湖北人平均捐款。重修之事一拖再拖，直到萧耀南死去也没有如愿开工。

六、“可怜焦土五十秋”

1932年，蒋介石、宋美龄和孔祥熙夫妇游览了黄鹤楼故址、警钟楼和奥略楼。蒋介石说：“千古名胜，应予重修。”陪同参观的湖北省主席夏斗寅闻讯后立刻准备重修黄鹤楼。至此，“同治楼”被烧毁已经半个世纪了。

夏斗寅（1886—1951），字灵炳，湖北麻城人。1906年加入同盟会，1926年随唐生智加入国民革命军，任国民革命军鄂军第一师师长，参加了北伐。北伐军攻克武汉后，任独立第十四师师长兼湖北省政务委员会委员和国民党特别党部执行委员。1932年，被任命为湖北省主席、陆军上将。

夏斗寅在湖北期间培植自身势力，遭到蒋介石猜忌。1933年，张群取代夏斗寅任湖北省主席。1945年抗战胜利后，夏斗寅拒绝蒋介石的邀请，退出军界，经营农场和煤矿事业。1949年武汉解放前夕，夏斗寅参加了地下党领导的“救济委员会”筹建工作，在布告上签名拥护共产党。同年5月，人民解放军攻克武汉，夏斗寅任武汉治安委员会委员。蒋介石利用军统特务恐吓夏斗寅，声称“共产党不会容留刽子手，蒋某人也不想失去大将军”，让他自酌。此时的夏斗寅内心非常矛盾，自悔过去反共，心中恐惧难安。同年7月，夏斗寅跑到台湾。到台后，蒋介石不但不给他薪水，还扬言要查办他的“通共行为”。夏斗寅不得不连夜跑到香港，在香港六国饭店前以看相算命为生，1951 年客死在香港。

夏斗寅为了发动社会力量集资筹建黄鹤楼和扩大影响，邀请学者王葆心起草了《重修武昌黄鹤楼募资启》公告各界。王葆心（1867—1944），字季芗，号晦堂，湖北罗田人。著名爱国学者、方志学家。曾任学部总务司行走兼图书馆编纂，后任学部主事，并被礼部聘为礼学馆纂修。1923 年，萧耀南在武昌设立湖北国学馆，聘请王葆心任馆长。1926 年秋，国立武昌大学成立，由邓演达、董必武、戴季陶、郭沫若、章伯钧、李汉俊、周佛海等组成筹委会，王葆心被聘为国文教授。1928 年，武汉大学成立，王葆心又和苏雪林、叶圣陶、冯沅君等人被聘为教授。1932 年，王葆心任湖北通志馆筹备主任兼总纂。

王葆心撰写的《重修武昌黄鹤楼募资启》，全文三千字，音韵铿锵，对偶工整，起伏跌宕，大气磅礴，各报纷纷转载，一时掀起了空前的“重建黄鹤楼热”。但是，1931 年武汉三镇遭受百年来最严重的洪涝灾害，三镇浸泡水中一个多月之久，大批民房被水浸塌，供电中断，店铺歇业，工厂停产，物价飞涨。据当局统计，三镇被淹人家十六万多户，受灾人口七十八万余人。在国破民败的情况下，募捐重建之事化作泡影。1933 年，有人读到王葆心的《重修武昌黄鹤楼募资启》时，感慨万分地写下了这样一首诗：“可怜焦土五十秋，画饼王郎愿未酬。清词丽句付流水，只见文章不见楼。”

七、重建计划再落空

1938 年，国民政府组织了抗日战争中规模最大的战役——武汉会战。蒋介石投入兵力一百多万，从 6 月开始阻击日军进攻武汉，由于指挥失误等原因，10 月下旬，武汉失守。日军占领武汉后，把黄鹤楼一带划为军事禁区。1941 年，伪中日文化协会武汉分会函请“武汉中日各机关长官及文化界名流”举行武汉名胜古迹保存运动座谈会，宣称“要保存国粹，复兴东亚文化”，讨论通过了要保护黄鹤楼在内的三镇名胜古迹 131 处的决议，成立了武汉名胜古迹保存运动委员会。伪汉口特别市市长张仁鑫签发了委员会聘书。1942 年 7 月，日本驻军把军事禁区内的黄鹤楼遗址移交给了伪湖北省政府。7 月 10 日的伪政府报纸刊登了这则消息，伪政府还举行了隆重的移交仪式，派武昌市政处处长作为代表前往接收。武汉名胜古迹保存运动委员会的职责是“办理调查，协助筹款及保存之设计等事项”。这个丑陋的委员会只举行了一次武昌胜迹巡览大会，直到日本投降也没有丝毫修复黄鹤楼的行动，而且铲毁了黄鹤楼下的大型抗战壁画。

抗战胜利后，黄鹤楼重修又提上日程。1946 年，武昌市政筹备处制订了《修建市区文化古迹计划》，拟重建黄鹤楼、文庙、卓刀泉等，组建了武昌市区内文化古迹筹募委员会。1947 年 4 月，市长杨锦昱主持制定章程、办法和确定募捐款项的具体分配数额。但是，计划上报

图 8-8　抗战期间黄鹤楼下的抗战大壁画

湖北省政府主席万耀煌后，未获批准。万耀煌批示称“劝募均以乐捐为原则，不必硬性规定金额和收入比例”，黄鹤楼重建计划再次落空。

八、故址抒发报国志

在民族危难、山河破碎的时期里，黄鹤楼虽空有遗迹，但它在人们心中的位置依然十分重要。官方和民间多次拟定重修黄鹤楼的计划，为黄鹤楼的重建而奔走呼号，这充分展示了人们渴望黄鹤楼重新屹立的强烈愿望。

鹤去楼碎矶头空，百年中黄鹄矶头空留旧迹供游人凭吊。黄鹤楼虽然不在了，但是它的精神仍在，吸引着无数游人慕名前来，其中有不少名流政要、才子鸿儒。黄鹤楼文化在民族多灾多难的时期里依然延续。游人来此无法登上黄鹤楼，体验“浮云绕危楼、心净世界远”的空阔，但可以在文化记忆中游览心目中的黄鹤楼。

在追求民族独立富强的时代主题下，与国家兴衰、人民悲欢相关联的黄鹤楼成为人们抒发国家危亡之痛、担当民族独立富强之志的地方。众多的爱国志士在凭吊遗址、抒发国破民败的万分悲痛之后，萌发的是更强大的爱国热情和革命斗志。黄鹤楼在人们心中成为一座明国破之痛、激爱国之情、发救国救民之志的无形楼阁。这种文化精神是在宋、元、清三代积聚的民族精神的基础上衍化而来的，是在中国人民为实现民族独立富强而不屈斗争的时代背景下生成的。

名迹竟未复，荒矶吾自留。无闻四十客，不尽九州忧。
残照明孤鸟，空江见远舟。谁能思尚父，煮海制诸侯。
——周锡恩《登黄鹤楼遗址望江》

名胜古迹已经不复存在，只留下荒芜的黄鹄矶。目睹楼灭矶荒，心生不尽忧国之情，希望能有像姜尚一样的贤相使国家强盛，摆脱民族危机。

浪流滚滚大江东，鹤去楼烧矶已空。巫峡云雨卷朝暮，汉阳烟树带青红。万家楼阁随波远，百战江山扼势雄。极目苍天帆影乱，中原万里对西风。

——康有为《登黄鹤楼》

虽然康有为诗题为《登黄鹤楼》，可是黄鹤楼早已不在。江水滚滚东流，黄鹤不仅一去不返，就连黄鹤楼也被烧毁。当下中国备受西方列强的欺辱，何时国家才能富强，民族才能振兴呢？该诗的字里行间浸透着对民族命运的担忧。

三户亡秦誓楚荆，高楼黄鹤意难平。河山倘见澄清日，愿把椒浆酹祢生。

——柳亚子《刘雪耘见顾，属题《黄鹤楼图》，报以一截》

凭吊位于楚国故地的黄鹤楼，意绪难平。呼唤“楚虽三户，亡秦必楚”的楚文化精神，坚信中国虽弱小，必能战胜强敌，愿将毕生精力投入民族独立的斗争中。

烟树望中收，故国神游。江山霸气剩浮沤。黄鹤归来应堕泪，泪满汀洲。　　凭吊大江秋，尔许闲愁。纷纷迁客与清流。若个英雄凌绝顶，痛哭神州。

——于右任《浪淘沙·黄鹤楼》

在凄凉的黄鹤楼旧址前，想到国破山河碎，心中痛苦万分，进而发出民族危亡之际需要的是千千万万英雄儿女，而非迁客清流的呼唤。

九、“烟波风景总生愁”

黄鹤楼的历史表明，“国运昌则楼运盛”。清代道光年间鸦片战争的失败使中国进入了百年屈辱历史时期。西方列强、东洋日本相继殖民中国，中国主权逐步丧失，大片国土被侵占。在山河破碎、民族危亡的时代里，昔日“升平景象自繁华”的黄鹤楼也繁华散尽。仁人志士登上黄鹤楼看到的不再是仙楼缥缈、澄江如练，而是山河破碎人飘零。著名爱国诗人黄遵宪在黄鹤楼上发出了“烟波风景总生愁”的感叹。

黄遵宪（1848—1905），字公度，别号人境庐主人，广东省梅州人。晚清诗人、外交家、政治家、教育家。1876 年中举人，1877 年随驻日大使何如璋出使日本，曾被日本历史学界称为中国“最有风度、

图 8-9　黄遵宪画像

最有教养的外交家”。1882年，黄遵宪调任美国旧金山总领事，在自己职权范围内尽力保护中国侨民。戊戌变法期间，黄遵宪辅佐湖南巡抚陈宝箴大力推行变革，他倡立的湖南保卫局，将近代警政引入中国。戊戌变法失败后，他被清政府列为“从严惩办”的维新乱党，在外国驻华公使的干预下，清政府允许黄遵宪辞职还乡。1884年，黄遵宪亲自设计建造了“人境庐”。

“人境庐”之名来自陶渊明“结庐在人境，而无车马喧”的诗句，但黄遵宪过的并非陶渊明诗句中的清净生活。回乡后，他仍热心推进立宪、革命等工作，并潜心新体诗创作，被誉为“诗界革命巨子”。他的诗作中充满了对民族危亡的忧虑愁苦。

矶头黄鹄日东流，又此阑干又此秋。鼾睡他人同卧榻，婆娑老子自登楼。能言鹦鹉悲名士，折翼天鹏慨督州。洒尽新亭楚囚泪，烟波风景总生愁。

——黄遵宪《上黄鹤楼》

“鼾睡他人同卧榻”化用“卧榻之侧，岂容他人鼾睡”。这个典故出自抗金英雄岳飞的孙子岳珂。岳珂在《徐铉入聘》中说“卧榻之侧岂容他人鼾睡耶”，比喻祖国山河岂能让他人侵占。黄遵宪的这句诗表达的是把殖民中国的列强驱逐出去的愿望。“烟波风景总生愁”与崔颢的“烟波江上使人愁”相似，描写的都是忧愁。但是崔颢抒发的是个人乡愁，黄遵宪表达的则是对国家民族命运的忧愁。

十、“烟水自苍茫”

夕阳满汉口，闲云低武昌。千年鹤楼上，烟水自苍苍。

——刘光第《泊汉口》

汉口夕阳西下，隔江相望的武昌闲云低垂。登上有千年历史的黄鹤楼，环顾四方，满眼苍茫。诗句描绘的是令人内心压抑又无限凄凉的黄鹤楼风光。昔日游人如潮的黄鹤楼为何在刘光第的眼中变得如此凄冷呢？这源于诗人的忧愤之情。登上千年黄鹤楼，当年的诗情画意荡然无存，山河破碎让诗人的心情失落无比。

刘光第（1859—1898），字裴邨，四川富顺人。清末维新派的著名爱国诗人。戊戌政变发生后，刘光第、谭嗣同等六人被捕，被杀害于菜市口，史称“戊戌六君子”。

光绪六年（1880），二十一岁的刘光第参加县考，获得第一名，得到县官陈锡图的赏识和帮助。二十四岁中进士，授刑部广西司主事。

刘光第上任前，暂告假返回四川富顺县老家。他取道天津，从海路到了上海，然后溯长江西上，到汉口后，上岸休整了十天。刘光第在他的日记中写道：

> 未刻抵汉口镇。镇向来称繁庶；近因教匪谋逆，春间捕斩数十人；远近商贾，鲜能云集。现在人心惶惶，讹言四起。赖封疆大吏尚能安静，稽察颇严。
>
> ——《刘光第集》

上文指出昔有“东方芝加哥”之称的汉口，太平天国运动后变得人心惶惶，商业萧条，封疆大吏也无法扭转局面。

爱书如命的刘光第在崇文局买书约十数种。刘光第在武汉结识了同乡陈辅臣。尽管两人年龄相差很大，但是都性情侠义、痛恨腐败，遂结成莫逆之交。两人一同游览黄鹤楼，一起在茶园听汉剧。在游览黄鹤楼的过程中，他首先注意的是楼中历代刻有黄鹤楼作品的石板、木板或竹片。刘光第逐一浏览，其中最早的是唐朝阎伯瑾写于代宗永泰元年

（765）的《黄鹤楼记》，由李阳冰篆额、魏万成书丹。此外还有南宋学者张栻，诗人范成大、陆游，明代方孝孺，清朝吴省钦、丁守存等人的作品。刘光第评论道："唯南汇吴侍郎冲之一片石可与语。"对乾隆年间吴省钦的《书黄鹤楼壁》给予了很高的评价。

十一、"黄鹤知何去"

武汉是近代中国民主革命的发祥地，也是国民革命的中心城市。大革命时期，国共两党合作，秉承孙中山先生的遗志进行北伐。英勇善战的国民革命军在工农群众的支持下，从广州出发，一路势如破竹。1926年9月，北伐军攻克了武汉三镇，在武汉成立了国民政府，这里成为国民革命的中心。

这一年，时任中共中央农委书记的毛泽东从上海溯江而上来到武汉，在武汉设立中央农委办事处，开办中央农民运动讲习所。1926年12月，中共中央在武汉召开特别会议，陈独秀从上海来到武汉主持会议，会上他批评了农民运动，认为过了火。社会上也有一些议论，说农民运动"糟得很"。对于陈独秀的诘难，毛泽东保持了沉默，他认定"没有调查就没有发言权"。没等会议结束，毛泽东就获邀去湖南参加农民代表大会。毛泽东趁此机会，从1927年1月4日到2月5日，以中共中央农委书记和国民党中央候补执行委员的身份对湘潭、湘乡、衡山、醴陵、长沙五县农民运动进行了深入的考察。这次考察历时三十二天，行程一千四百余里，随后毛泽东写下了影响深远的《湖南农民运动考察报告》。1927年4月，毛泽东的《湖南农民革命》小册子在汉口长江书店出版。1927年4月4日，中央农民运动讲习所举行了开学典礼，来自全国十八个省区的八百余名学员来武汉接受培训，同年6月毕业。他们中的大多数毕业后被委任为农协特派员，到

图 8-10　中央农民运动讲习所旧址

农村领导农民运动。

中央农民运动讲习所位于武昌区红巷（旧称黉巷）十三号，是大革命时期国共两党合作创办的培养农民运动干部的学校。由邓演达、毛泽东、陈克文担任常务委员，实际上是毛泽东在主持工作。中央农民运动讲习所旧址原为张之洞开办的北路学堂，1907 年改为湖北甲种商业学校。大革命失败后一度作为军队驻地，后来成为学校。旧址坐北朝南，占地面积一万二千八百五十平方米。有房屋四栋，为晚清砖木结构学宫式建筑。1958 年筹建旧址纪念馆，1963 年正式对外开放。2001 年，该地被公布为全国重点文物保护单位。

正当国民革命轰轰烈烈之时，蒋介石、汪精卫等害怕共产党借此发展强大，开始了分裂活动。此时作为革命运动中心的武汉，逐渐浮现出重重危机。支持蒋介石的江浙财阀与共产党要解放的工农群众根本利益不一致，随着革命深入，矛盾日益暴露。是年四五月间，国共合作背景下的中共五大在都府堤二十号召开。会上，毛泽东提出的“迅速加强土地斗争”的建议未能得到讨论，并且撤销了毛泽东农委书记的职务。1927 年 7 月 15 日，汪精卫在武汉宣布“清党”，国共两党彻底分裂。面对国民党的大肆屠杀，毛泽东直到 8 月 12 日才离开武汉秘密回到湖南。9 月 9 日，毛泽东领导发动了湘赣边界的秋收起义。

1927 年春，看到革命潜在危机的毛泽东忧心忡忡地写下了词作《菩萨蛮 · 黄鹤楼》，词中对国共合作的大革命表达出了种种担忧。后来毛泽东写下这样几行说明：“一九二七年，大革命失败的前夕，心情苍凉，一时不知如何是好。这是那年的春季。”

茫茫九派流中国，沉沉一线穿南北。烟雨莽苍苍，龟蛇锁大江。　黄鹤知何去？剩有游人处。把酒酹滔滔，心潮逐浪高！

如今这首词被雕刻在黄鹤楼公园里。毛泽东主席的这首词成为吟咏黄鹤楼的佳作名篇，那这首词是否是他登览黄鹤楼时所作呢？显然不是，因为黄鹤楼早在 1884 年就被大火烧毁，直到 1985 年才重修完毕。

从 1949 年 10 月中华人民共和国成立到 1976 年主席逝世的 27 年间，毛泽东似乎对“白云黄鹤之乡”特别钟情。他先后 36 次来到武汉，多次登临蛇山，其中居住最长的一次达 168 天，并 18 次畅游长江武汉段，游程一百多公里。1956 年 5 月 31 日，毛泽东从黄鹤楼故址附近入水，穿过正在建设中的武汉长江大桥桥墩基地，顺流直下，首次畅游长江。6 月 2—3 日，游兴未尽的他又两次到江中畅游，并写下了《水调

图 8-11 毛泽东词亭

歌头·游泳》一词。

为了缅怀毛泽东主席，弘扬黄鹤楼的爱国主义精神，1992 年在黄鹤楼公园防空工事约 2.16 米高的台基上修建了一座毛泽东词亭。亭坐北朝南，长、宽各为 6.6 米，高 9.5 米，为四角攒尖、重檐舒翼、造型典雅的四柱方形建筑。亭中央矗立着高 3.2 米、宽 1.8 米、厚 0.245 米的大型青石碑，南北两面分别镌刻有毛泽东 1927 年春登临蛇山时填写的《菩萨蛮·黄鹤楼》和 1956 年 6 月畅游长江后填写的《水调歌头·游泳》，采用毛泽东主席手迹放大而成，词书并茂。亭名由中国人民解放军原副总参谋长伍修权书写。

十二、《黄鹤楼》歌的创作

黄鹤楼文化具有忧国忧民的爱国主义元素。20 世纪初期，正值中华民族深陷危难、人民流离失所的历史时期。尽管此时的黄鹤楼仅存故址，但它再次成为爱国主义作品创作题材。爱国音乐家沈心工创作于 20 世纪 20 年代的《黄鹤楼》就是其中代表。《黄鹤楼》以歌谣的形式表现了爱国仁人志士艰苦卓绝的革命工作，他们的热血化作革命之花开在人民的心中。《黄鹤楼》歌词通俗易懂，朗朗上口，成为广大人民喜闻乐见的传播救国革命的作品。

独自登临黄鹤楼，欲寻砥柱问江流；千帆容易随波去，一棹艰辛赴上游。

独自登临黄鹤楼，几番革命血痕留；可怜幻出鲜花朵，遍插朱门士女头！

独自登临黄鹤楼，崔诗在壁自千秋；新楼结构全非昔，黄鹤归来认得不？

独自登临黄鹤楼，山光云影总悠悠；漫将玉笛翻新调，试问知音喜也愁。

沈心工（1870—1947），原名沈庆鸿，字叔逵，笔名心工。1870 年 2 月 14 日生于上海，1947 年 9 月 5 日病逝。沈心工是中国著名的音乐教育家，中国近代普通学校音乐教育初创时期最早的音乐教师，李叔同称他为“吾国乐界开幕第一人”。沈心工 1890 年中秀才，1895 年应聘约翰书院（后改为圣约翰大学）教授中文。受“教育救国”思想的感召，他毅然放弃了有优厚待遇的教书工作，考入南洋公学第一届师范班。1902 年 4 月赴日本，与鲁迅同期进入东京的弘文学院。在日本，沈心工十分关注明治维新以后在学校教育、政治宣传和人民生活中发挥着巨大作用的乐歌活动。这对积贫积弱、民心涣散的中国来说，同样意义重大。于是沈心工组织中国留学生成立了“音乐讲习会”，专门聘请日本音乐家为师，研究中国乐歌的创作问题，这是国人举办近代音乐讲习活动的首创。

1903 年 2 月，沈心工回国后在南洋公学附属小学任教师，创设唱歌课。他一生作有乐歌一百八十余首，多数是采用外国歌曲的曲调，少数采用中国传统民歌填词或专门作曲。沈心工的乐歌题材较为广泛，有表现爱国主义精神的《黄河》《从军歌》《爱国》《黄鹤楼》等，有直接鼓吹国民革命、歌颂共和新政的《革命军》《美哉中华》等，有提倡男女平权、重视科学的《女学歌》《电报》《纺织》等。在他创作的歌曲中，以《黄河》一曲影响最大。

《黄鹤楼》首次发表在 1935 年版的《中学教材》上，爱国作曲家黄自曾在上海为沈心工的这首《黄鹤楼》修改歌词并编配了和声伴奏。红军胜利到达陕北后，黄自深受感染，再次改写歌词和编配和声，收录于 1937 年出版的《心工唱歌集》。

十三、“大火雄歌杰阁前”

1937 年南京沦陷，武汉成为事实上的战时首都。各地包括抗日宣传队、救亡演剧队、文化工作队、战地服务队在内的近两百个科学、文化和救亡团体迁到武汉，包括郭沫若、茅盾、巴金、丁玲、成仿吾、曹禺、胡绳、胡风、夏衍、萧军、萧红、沈从文、丰子恺、郁达夫、老舍、阳翰笙、田汉、贺绿汀、冼星海、赵丹等人在内的一千多名文化界人士会集在武汉，天津《大公报》、上海《申报》以及国民党主办的《中央日报》、中国共产党主办的《新华日报》等一百余家大型报刊社、出版社也齐聚武汉，中华全国戏剧界抗敌协会、中华全国电影界抗敌协会、中华全国文艺界抗敌协会等全国性救亡文化团体在武汉成立，武汉一时成为全国抗战的文化中心。

日军把占领武汉作为征服全中国的战略支点。在国内外反法西斯战争信心动摇的时候，坚定全民抗日信心成为事关民族存亡的大事。1938年4月1日，国民政府军事委员会政治部第三厅在武汉成立，由政治部副主任周恩来领导，郭沫若任厅长，阳翰笙任主任秘书，三厅下设第五、第六、第七三个处。其中第六处掌管艺术宣传，由田汉任处长，下设三科：第一科科长洪深，主管戏剧音乐；第二科科长郑用之，主管电影；第三科科长徐悲鸿，主管绘画木刻。

为了鼓舞全国人民抗战，坚定中国必胜的信心，围绕保护大武汉为中心，第三厅成立不久就举行了声势浩大的第二期抗战扩大宣传周。从4月7日持续至13日，每天都有一个重点宣传方式，依次为文字宣传、歌咏宣传、美术宣传、戏剧宣传、电影宣传、游行宣传，其中还包括国际对敌宣传，有各报发行特刊、散发传单、慰问伤兵、粘贴壁报等活动。

各团体则分别召开座谈会，讲演抗战胜利的形势。在汉的国民党党政军要员和社会名流应邀于每晚8时至8时半进行广播演讲或公开演讲，分别由张之江、邵力子、汪精卫、黄琪翔、周恩来、张厉生、郭沫若主讲。

8日当天，由史良、邹韬奋、于右任、杜重远、郭沫若、沈钧儒等十余人在民教馆、市商会、青年会、省党部作公开讲演。

4月10日是美术宣传日，在汉的美术工作者创作了数百幅抗战宣传画，陈列在武昌黄鹤楼旧址的两侧和台阶上，并在武汉三镇大街小巷的醒目处绘制许多巨幅壁画和漫画，观者如潮。中国国货公司二楼及中山公园有张善子正气歌国画展览会，廖冰兄抗战连环漫画展览会，抗战

图 8-12　国民政府军事委员会政治部第三厅旧址

漫画、标语、印刷品及大布画展览会。黄昏时，郭沫若在美术歌咏游行之前在胜像宝塔前致开幕词，讲明游行的重大意义。周恩来做了抗战形势报告，慷慨激昂的讲演，精辟的分析，鼓舞士气的姿势和表情，使在场数万听众热血沸腾。随后，田汉高呼口号，全场人员合唱《义勇军进行曲》《救亡进行曲》《大刀进行曲》。游行开始后，由冼星海指挥的水上歌咏队高唱《松花江上》《长城谣》《牺牲已到最后关头》等救亡歌曲。黄鹤楼故址下，群情激昂，歌声震天，火炬通明。

著名话剧艺术家田深受此感染，激动地写下了《抗战扩大宣传周水上火炬大游行有感》：

大火雄歌杰阁前，长江两岸万雷喧。江头野老私相问："盛况何如北伐年？"

杰阁，指的是黄鹤楼故址旁的奥略楼。奥略楼下，长江两岸大火燃烧，雄歌震天。黄鹤楼故址成为抗日救国宣传的阵地，文艺工作者们以各种文艺形式作为武器，抗议日本法西斯的侵略。这次声势浩大的抗战宣传，取得了预期的效果，极大地鼓舞了武汉乃至全国人民的抗战斗志。

第九章
百废待兴建新楼

经历了百年屈辱、百年浴血奋战的中国人民在1949年建立了新中国。新中国成立之初百废待兴，中央人民政府制定了第一个五年计划，其中就包括在武汉修建长江大桥。1950年初，中央人民政府指示铁道部着手筹备武汉长江大桥的建设。2月，铁道部先期组成以铁道部设计局副局长杨旸春任队长的测量钻探队赴武汉，在苏联专家的指导下，开始长江大桥的勘测、钻探工作。经勘测，黄鹤楼旧址所在的黄鹄矶头是江南引桥的基础。自此，黄鹤楼重建工作拉开了帷幕。1951年6月17日，武汉市文化局根据中央关于查勘修葺名胜古迹的指示，通知武汉第一文化馆就近查勘黄鹤楼风景区。

一、毛主席难下黄鹤楼

1953年春节期间，毛泽东主席来到武汉视察，再一次体验了乘轮船过长江、坐划子过汉水的滋味。毛主席非常高兴地听取了中南局领导关于武汉长江大桥工程勘测、钻探工作的汇报。2月18日下午，他兴致勃勃地到黄鹤楼下一带勘察长江大桥的选址，并留下了自称“下不了的黄鹤楼”的故事。

这天，毛主席来到省委所在地红楼。听说红楼可以直通蛇山，毛主

图 9-1　毛主席在蛇山脚下与卖炸豆腐的老人亲切交谈

席立即站起身来，连口水都没喝就下楼了。毛主席一行是从东头上蛇山的，罗瑞卿原来没有安排毛主席去蛇山西头。毛主席到了山上，对罗瑞卿说："我们到西头看看好不好？"罗瑞卿为难地说："那边人太多，怕不安全。"毛主席笑着说："人多怕什么？坏人是极少数，我们要相信群众啊！"为了不惊动群众，毛主席一行悄悄过去了。

据毛主席随行秘书罗光禄回忆，那一天武汉人民没想到毛主席会到蛇山，山上开始没有什么人，只偶尔有一两个小学生。路旁有位卖炸豆腐的老人，毛主席和他搭话，问他做什么买卖。老人说："我是炸豆腐的。"主席又问他做这个生意能挣多少钱，老人没有抬头，边炸豆腐边说："那不一定，有的时候多些，有的时候少些。"聊了几句，随行人员请主席上路，罗光禄跟在后面，问那位老乡："你知道刚才和你说话的是谁吗？"老人怎么也不会想到今生会有机会同毛主席见面说话，他摇摇头说："不知道是谁，不过肯定是个大官！"他的话把一行人都逗笑了。

可没走多远，毛主席就被一个小学生认出来了，他喊了一声："毛主席来了。"之后，在短时间内周围聚集了几万人，把主席团团围在中间。李先念、王任重、罗瑞卿和警卫人员一起手拉手，组成一个圆圈，一步一步地保护着主席下了山，大家都挤得满头大汗。在渡船上，毛主席感慨地说："下不了的黄鹤楼。"

二、几经筹备建新楼

1955 年，武汉市人民委员会决定重建黄鹤楼，并通过《长江日报》向社会公布了这一消息。在群众大量来信和省、市人大代表的提议下，武汉市文化局于 1956 年责成武汉市文物管理委员会组织研讨黄鹤楼的重建问题，争取黄鹤楼与长江大桥同时落成。1956 年 4 月 13 日，武汉市文物管理委员会邀请湖北省文史馆、武汉市参事室、武汉市城市规划委员会、武汉城市建筑设计院、武汉市建设局、铁道部大桥工程处等部门研究黄鹤楼重建事宜。与会者们就选址、式样、经费等交换了意见。经讨论，黄鹤楼的选址采纳了武汉市城市规划委员会的意见：在蛇山南麓原临江茶楼下重建黄鹤楼，"依山面水"，符合"晴川历历汉阳树，芳草萋萋鹦鹉洲"的意境。会后，武汉市文化局把讨论意见和成立黄鹤楼重建委员会的建议上报武汉市人民委员会。

1956 年 8 月 31 日，黄鹤楼重建委员会召开第一次会议。会后，工作人员开展勘测设计工作，收集古黄鹤楼照片。1957 年 4 月 10 日，黄鹤楼重建委员会召开全体委员会议，会上讨论了武汉设计院唐觉后等人提供的六个黄鹤楼设计方案。1957 年，建筑学家鲍鼎主持了重建黄鹤楼设计方案讨论会，并将选定的方案提交中国建筑学会 1958 年在青岛召开的会议进行讨论。

1957 年，武汉长江大桥建成通车，毛主席视察武汉。到达武汉后，他改变了原定日程，要走过长江去！此时，武汉长江大桥正在进行桥面装饰。晚 6 时许，脚穿布履、身着灰色中山装的毛主席从汉阳桥头堡处走下车来，朝正桥桥面走去。沿途中，他关切地问大桥局负责人："有苏联专家在这里可以修这样的桥，如果没有，可以修了吗？"大桥局副局长杨在田回答："可以修了。""真的可以修了吗？"毛主席又追问了一句。"确实可以修了！"杨在田充满信心地回答。毛主席从桥上信步而过，看见有一排栏杆上漆着不同的颜色。大桥局负责人解释："这是让武汉人民来挑选，看用什么颜色好。"毛主席笑着称赞："这就是走群众路线嘛。"大家便问哪一种颜色好，毛主席笑着指指蓝天，又指指江水。大家明白了，"落霞与孤鹜齐飞，秋水共长天一色"，桥栏应选用与天、水颜色相和谐的色彩。后来，桥栏漆为银灰色，沿用至今。其间，毛主席问起了黄鹤楼的情况，随同的湖北省委第一书记王任重介绍说，黄鹤楼遗迹在修长江大桥时拆掉了，正在计划重修。毛主席紧接着说："应当修，这是历史古物。"事后，国家铁道部拨款八十万元作为重修黄鹤楼的经费。1958 年，毛主席在武汉长江大桥上指着黄鹤楼的旧址说："这里原来有一座黄鹤楼，现在看不到啰！黄鹤楼被战火毁了，相信以后可以看到一个更好的黄鹤楼。"

1959 年 10 月 31 日，武汉市人民委员会举行市长办公会议，决定重建黄鹤楼、晴川阁和古琴台作为 1960 年国庆献礼项目。一年内要完成如此浩大的工程，显然不切实际。最终黄鹤楼重建工作一直拖到了 1975 年，才重新提上日程。

1976年7月6日，武汉市革命委员会重建黄鹤楼筹建办公室成立，恢复黄鹤楼重建工作，任命吴焱金为武汉市筹建黄鹤楼委员会主任。为了纪念毛主席重修黄鹤楼讲话二十周年，让毛主席在有生之年看到黄鹤楼，市革委会计划在1978年开始修复黄鹤楼。由中央投资九十万元，先解决设计问题。筹建黄鹤楼委员会办公室搜集了历代黄鹤楼的资料，当时找到的比较突出的式样有古色古香工笔画的唐代黄鹤楼，还有清代同治年间黄鹤楼的照片。

在讨论重建黄鹤楼的式样时，主要是吴焱金在发表意见。他认为唐代黄鹤楼是庭院式的，占地面积比较大，有许多亭台楼阁，但主楼不突出，没有一个特别雄伟的建筑，没有鹤立鸡群的感觉。清朝同治年间的黄鹤楼高大、雄伟、气派，以一个楼为主，周边的建筑物只是主楼的附属物，孔明灯、小亭阁、门楼等都是起衬托作用。因此，他建议黄鹤楼要建成武汉市的标志性建筑，一要雄伟高大，二要交通方便，引人注目。吴焱金选中了同治黄鹤楼的图案，与会者都没有异议。当时提出的建造方案是复古，用优质木材，再加上彩色水泥，把它做成高大雄伟、古色古香的建筑，外形尽可能接近同治黄鹤楼。在选址问题上，吴焱金提出尽量建在武汉市的中心和制高点上，一定要交通方便，要体现黄鹤楼的高大雄伟，一目了然。

后来，吴焱金分析了黄鹤楼重建没能实施的四点原因：一是资金不到位，计划经济年代地方财力有限，一切依赖中央拨款；二是当时国内彩色水泥正在研制中，还没有形成生产能力；三是合适的木材很难一下子找到；四是设计工作很难短期内完成。

1976年8月，武汉设计院恢复了黄鹤楼的设计工作。设计院组成了以总工程师黄康宇为首的重建黄鹤楼工程设计组，成员有主任工程师蔡德庄、建筑师丁永园、结构工程师王钧麟等，重建黄鹤楼办公室聘请具有丰富实践经验的老建筑工艺雕刻师杨子祥、老木工潘田福参与设计工作。1978 年 7 月 20 日，黄鹤楼设计方案首次讨论会召开，八家设计单位拿出二十多个方案，其中中南设计院三位建筑师提供了三个方案，最终高介华的方案被选中。

三、楼图尽展青年志

1978 年，中南设计院正式成立黄鹤楼方案设计小组，成员有高介华、向欣然等四人。在第二次设计方案讨论会上，中南设计院在院长陈泽之的主持下研究确定推荐向欣然设计的七号方案。因为向欣然设计的黄鹤楼体现了湖北传统建筑的地方风格，在屋顶形式上与清代黄鹤楼有

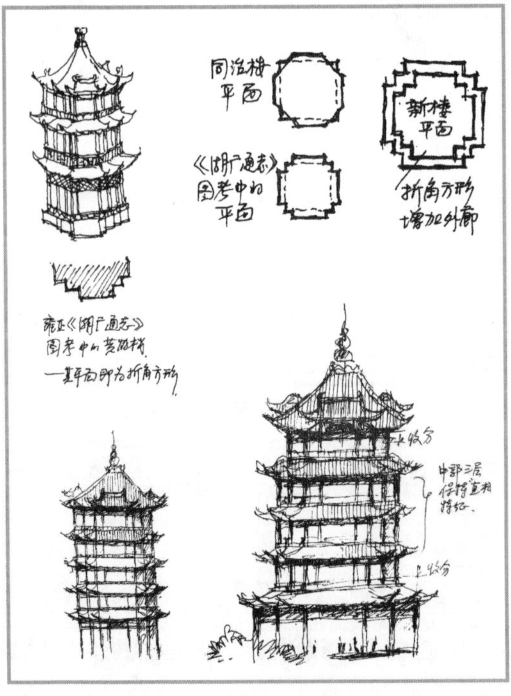

图 9-2　向欣然绘制的《黄鹤楼设计草图》手稿

着某种联系。上海、南京两地的古建专家也认为向欣然的七号方案形式丰富，比例适宜，民族风格较浓，南方特点鲜明。

1979年2月20日，湖北省革委会主任韩宁夫再次听取黄鹤楼重建筹备工作汇报，他对向欣然的设计方案提出了三点修改意见：一、楼形平面要四望如一，就是正方形平面，不主张做矩形平面。二、楼身比较单薄，民族风格不够浓，主张用大重檐，就是层层飞檐，檐要飞得大些、远些。三、平面尺寸太小，楼身还要扩大。韩宁夫要求一个月内再做一个比较方案，省市再次审查，统一意见，再报国家建委。

1980年2月26日下午，时任湖北省省长的韩宁夫召开会议审查向欣然方案。向欣然教授回忆说，他永远记得当时的情形：“韩宁夫望着

图9-3　黄鹤楼施工图

我说：‘年轻人，盖起来有没有你画的漂亮？’我回答：‘会比画的更漂亮！’韩宁夫说：‘那就行了，定了吧！’直到今天，我也不知道是什么打动了韩省长！”1981年，国家经济方针调整，黄鹤楼被列为停建项目，武汉市力保黄鹤楼。当年5月，牵头重建工作的武汉市副市长王杰主持重建会议。他问：“中南设计院的老总来了没有？”四十一岁的向欣然答：“来了。”王杰看了他一眼：“我问的是设计师！”“我就是！”“建黄鹤楼你有没有把握？”“建不好黄鹤楼，我愿跳长江！”就这样，向欣然的黄鹤楼设计方案被采纳。

按照设计方案，黄鹤楼重建工程破土动工。整个工程历时四年，在1985年完工。阔别百年的黄鹤楼又一次屹立在江城。

四、巍峨今楼展雄姿

1985年6月10日，黄鹤楼落成典礼在新黄鹤楼前隆重举行。今楼是按照中南设计院向欣然设计的方案建造，设计原则是延续黄鹤楼的历史。这座以清代同治楼为原型的仿古建筑，既有古代黄鹤楼的特征，又充满了新时代的气息，吸取了黄鹤楼屡遭火灾毁掉的历史教训，整个楼体采用钢筋混凝土框架体系，外观上则是中国古代木构架楼阁的样式。

巍峨的今楼位于海拔61.7米的蛇山之巅，底部为三层花岗岩平台做成的基座，四周有石栏围护，石栏上雕刻着精美的纹饰。中国古代建筑有森严的等级制度，只有帝王家的皇宫才能使用最高级别的三层基座。黄鹤楼是一座仿古建筑，位于三层基座上，在增加其高度的同时也突出了它“天下江山第一楼”的建筑地位。在黄鹤楼设计方案讨论会上，相关领导和专家建议把它建成武汉市的标志性建筑，所以今楼超过了历代黄鹤楼的高度，总共五层，总高度51.4米，比清代同治黄鹤楼高出

图 9-4　向欣然绘制的《历代黄鹤楼形象比较图》手稿

了约 20 米，也标志着黄鹤楼发展到新的历史高度。按照四望如一的美学要求，整个建筑平面四方切角，周边呈曲尺形，建筑面积共计 3219 平方米。整个外观上与清代同治楼相似又有不同。

在造型上，分上中下三段处理。第一段是底层，30 米见方，高 12.3 米。用宽 3 米的抱厦（门廊）环绕四周，这样整个楼就有了一个稳定的“基座”，给游人以稳定的视觉感受，这是“同治楼”所不具备的。底层有 72 根浇筑而成、外涂红漆的大柱子，其中 28 根要直达楼顶，其余的按要求通到不同的楼层。经过严密施工，72 根圆柱的垂直偏差都控制在了 5 毫米之内。二、三、四层是第二段，每层 22 米见方，二层高 7.1 米，三、四两层均高 6.6 米。第二段直通向上，不做收分，保持了清代“同治楼”的形体特征。不同的是，清代“同治楼”只在底层建有回廊，其余各层仅设槛窗，今楼各层都建有围廊，游人可以在各层凭栏远眺，而且整个楼体显得高大轻盈。第三段是顶层，长、宽各 18 米，高 18.8 米。顶部设有 30 吨容量的水箱，供给楼内生活用水和消防用水。

在设计过程中，楼顶是重点，直接采用了清代“同治楼”攒尖顶的形制。攒尖顶是中国古建筑屋顶样式之一，宋朝时称“撮尖”“斗尖”，清朝时称“攒尖”。其特点是屋顶为锥形，没有正脊，只有垂脊，根据建筑的等级需要，有三角攒尖顶、六角攒尖顶和八角攒尖顶等。顶部集中于一点，呈圆形或圆柱形，称为宝顶。该顶常用于亭、榭、阁和塔等建筑。

今楼攒尖顶正上方还承托着黄色琉璃葫芦形宝瓶。葫芦宝瓶承托着红色的明珠，宝顶基座采用荷叶边式样，整个式样与保存至今的“同治楼”铜顶相仿，但尺寸要大得多。宝顶底部直径4.4米，中部最大直径为2米，高5米，大约4吨重。宝顶里面用钢架支撑，外面用200块特制黄色琉璃瓦拼装而成。琉璃瓦用粗铜丝连接成整体，用水泥配色密封接缝。宝顶最上部装有避雷设施，引下线通过各层钢筋将电流引至地下。楼顶以中央的攒尖顶为核心，四面各建一座歇山顶的骑楼。整个楼顶，高低错落，跌宕有序，五顶并立，主次分明，浑然一体。修建骑楼是为了沟通今楼与古楼的联系，虽然是仿古建筑，在外观上给人这就是古黄鹤楼的感受。

楼高五层，每层都是飞檐翼角。飞檐是宋代屋盖的局部名称，建筑的檐椽之上，再施用一层叫作飞子的构件（宋代称法、清代称为飞檐椽），飞子承托的出檐部分称飞檐。翼角是指古建筑檐部两面相交的转角，呈翼型或扇形展出而翘起的部位，形如飞鸟展翅，轻盈活泼。飞檐翼角是中国古代建筑的特色之一，不但扩大了采光面，有利于排泄雨水，而且增添了建筑物向上的动感。今楼每层飞檐由檐柱挑出3米远，每层各有12个翼角，个个昂首向上，伸向白云间。楼顶和飞檐翼角覆盖着黄色的琉璃瓦，总共有十万多块琉璃瓦。整个楼体充满了动感，远望黄鹤楼，就像一只展翅飞翔的黄鹤。

屋脊上装饰有造型奇特的鸱吻。鸱吻，又名螭吻、鸱尾，是中国古代神话传说中的神兽——龙的九子之第六子，形状似剪了尾巴的四脚蛇，喜欢在险要处东张西望，好吞火。鸱尾之名，最早见于汉代文献。据说汉武帝在建柏梁殿时，有巫师上疏：“海中有鱼虬，尾似鸱，激浪即降雨。”遂作其像于尾，以厌火祥。是说大海中有一种鱼，尾似鸱鸟，喷浪降雨，可以防火，于是在屋脊的两端作上翘鸱尾形，以魇火取吉。大约在晚唐以后，鸱尾下部塑成含脊的兽头，即改称为鸱吻，一般装饰在殿堂建筑的正脊两端，具有防火、辟邪的作用。由于中国古代建筑多为木制，易着火焚毁，故多于屋脊设鸱吻避火。

现在鸱吻变成了传统的装饰物，主要起着美观的作用。因为正脊和檐角是殿顶两坡的交汇点，雨水容易从交汇点的缝隙渗入，鸱吻能起到严密封固瓦垄，使脊垄既稳固又不渗水的作用。屋角下的龙头沿用了古代建筑作垂兽的传统。垂兽，又称角兽，是中国古建筑垂脊上的兽件，位于蹲兽之后，一般做成龙头的形状，内有铁钉，作用是防止垂脊上的瓦件下滑，加固屋脊相交位置的接合部。鱼尾和龙头的主要功能是保护建筑免遭火灾。历史上的黄鹤楼屡次毁于火灾，每次修建黄鹤楼都在屋顶装饰了避免火灾的象征物。今楼装饰鱼尾和龙头主要是表明在延续黄鹤楼的历史传统。每个飞檐翼角下都悬挂着重约十公斤的铜铃，铃锤上带有四面风叶，微风吹来，铃声响起，随风飘送，增添了今楼的古音古韵。

飞檐下面，井然有序地排列着斗拱和撑拱。斗拱是中国古代建筑上特有的构件，由方形的斗、升、拱、翘、昂组成。位于立柱和横梁交接处，从柱顶上加的一层层探出成弓形的承重结构叫拱，拱与拱之间垫的方形木块叫斗，合称斗拱，也称枓拱、枓栱。斗拱在中国古建筑中起着十分重要的作用，它位于柱与梁之间，由屋面和上层构架传下来的荷

图 9-5　重建后的黄鹤楼

载，要通过斗拱传给柱子，再由柱传到地面，因此，它起着承上启下、传递荷载的作用。它向外出挑，可把最外层的檐檩挑出一定距离，使建筑物出檐更加深远，造型更加优美、壮观。斗拱是榫卯结构，能消耗地震传来的能量，具有抗震作用。明清以后，斗拱主要作为装饰部件，斗拱的数量与装饰色彩成为建筑不同等级的象征。

撑拱也是中国古代建筑的特有构件，又称“雀替”。撑拱在江南某些地方俗称为“牛腿”，北方地区又叫“马腿”，是明清古建筑上檐柱与横梁之间的撑木。撑拱是在檐柱外侧支撑挑檐檩或挑檐枋的斜撑构件，其上部是由柱子伸出的挑枋，用来承托挑檐檩或挑檐枋。撑拱支撑建筑外挑木，承传檐与檩之间的承受力，使外挑的屋檐达到遮风避雨的效果，又能将其重力传到檐柱，使其更加稳固。今楼的斗拱与撑拱是装饰部件，撑拱富有楚地民间建筑特色，向游人展示着黄鹤楼悠久的历史和荆楚文化的魅力。

今楼楼内各层的顶部装饰着不同题材的天花和藻井。北京园林古建筑公司承担了彩绘工程，由三十多名能工巧匠在技术专家的指导下精心绘制而成。

五、黄鹤归来众欢颜

1961 年，民国著名才女、上海中国画院画师陆小曼创作了画作《黄鹤楼》，表达了人民渴望黄鹤归来的急迫心情。

在清代同治黄鹤楼烧毁一百年后，黄鹤终于归来。1985 年 5 月，历经四年的黄鹤楼重修工程竣工，6 月正式对外开放。6 月 10 日，黄鹤楼落成典礼在新楼前隆重举行，各界代表两千余人参加了庆典。武汉市市长吴官正郑重宣布“黄鹤”归来。主管黄鹤楼重建工程的副市长王杰在鞭炮齐鸣声中开启了黄鹤楼的大门。随后，黄鹤楼前举行了大型的文艺演出和书画展，著名歌唱家吴雁泽演唱齐伊的歌曲《黄鹤楼颂》。孔建华创作了一首笛子独奏《黄鹤归来》，同东方歌舞团一起在黄鹤楼前演出。

一百年后，黄鹤楼重新展现在人们面前，这则振奋人心的消息迅速传遍神州大地乃至海外各地。世纪梦想，今日重圆，在欢呼声中，很多人流下了激动的泪水。人们用各种形式来庆祝黄鹤楼重建工程竣工，表达对黄鹤归来的激动心情。

1984 年，湖北美术学院教授刘政德和李政文合作创作了《黄鹤归来》雕像，表达了对黄鹤楼重建的喜悦之情。同年，黄鹤楼公园内建了一尊 5 米多高的《黄鹤归来》雕像。雕像位于黄鹤楼以西 50 米的正面台阶前裸露的岩石之上，由龟、蛇、鹤三种吉祥动物组成，龟、蛇正驮着双鹤奋力向上，两只亭亭玉立的黄鹤则脚踏龟、蛇，俯瞰人间。《黄

图 9-6 《黄鹤归来》雕像

鹤归来》的创作选自黄鹤楼的神话题材。相传远古时大禹治水感动了玉帝，玉帝派龟、蛇二将协助。为镇江患，龟、蛇隔江对峙变为两座大山，形成“龟蛇锁大江”之势，从此水患平息，百姓安居乐业。两只仙鹤俯瞰人间，非常感动，便脱胎下凡，以昭示普天同庆。

《黄鹤归来》雕像高 5.1 米，重 3.8 吨，是采用纯黄铜铸成的。其雕刻工艺极为精致，黄鹤、神龟、巨蛇既生动形象，又抽象写意，鹤的羽毛、脚爪的纹线，龟背的花纹和蛇斑清晰可辨。

从整体上看，铜雕线条流畅，华丽高贵。2011 年，年届八十的刘政德老人回忆起《黄鹤归来》的创作历程依然心情激动。香港回归时，他向省政府写了一个报告，称“黄鹤归来”正好寓意香港回归祖国怀抱，且容易让人联想到湖北的黄鹤楼，建议做一个尺寸稍小的《黄鹤归来》雕像，送给香港做礼物。1997年，该铜雕被制成模型，作为湖北省人民政府迎接香港回归所赠礼品。

《黄鹤归来》完成后，从1987年开始酝酿，历经四载，四川省雕塑艺术院终于完成了大型浮雕《九九归鹤图》。浮雕位于黄鹤楼公园白龙池边，是国内最大的室外花岗岩浮雕。整个雕塑呈红色，极为醒目，画面生动，逼真传神，99只仙鹤呈现着各种不同的舞姿。据说加上当年神仙驾驭的黄鹤，就凑成了100只；而现代黄鹤楼的建成，距“同治楼”被毁的时间恰好100年，两个“100”，包含着“黄鹤百年归”的寓意。“归鹤”二字由著名雕塑家刘开渠题写。

浮雕依蛇山山势，呈不等距Z形，全长38.4米，高4.8米，总面积达184.32平方米，总重量约240吨，由343块长宽各为80厘米、厚30厘米的枣红色花岗石镶嵌拼接组成。整个浮雕画面给人以朝气蓬勃的气韵，云兴霞蔚，日月同辉，江流不息，生机盎然；99只不同动态的仙鹤，或栖，或舞，或鸣，或戏，或翔，无一重复，和谐地分布在松、竹、梅、灵芝、流水、岩石、云霞中，呈现出黄鹤归来的各种姿态。

为使浮雕能耐受风雨的侵蚀，所用枣红色花岗岩均采自四川省凉山彝族自治州喜德县4800米的高山上。该石又称喜德红，其硬度比合金钢的硬度还高。整个雕塑工程费工费时，仅耗用的合金钢钢钎就重3吨多。浮雕中运用了高浮雕、浅浮雕和透雕等不同的雕刻手法，99只神态逼真的仙鹤，头部、颈部均用透雕，其他景物的雕刻深度也都不低于10厘米。这种枣红色花岗石的色彩，随着晴雨变幻，天朗气爽时似红莲花开，轻阴微雨时如渥彤海棠。整个浮雕在斜阳夕照之下，既宏伟壮观，又极富诗情画意。

图 9-7 《九九归鹤图》（局部）

最为激动人心的，还是江城人民当年争相游览黄鹤楼的情景。江城市民潮水般涌入名楼，这幅画面至今仍让黄鹤楼公园管理处的老职工们记忆犹新。当时武汉其他公园景点的门票仅一两角钱，而黄鹤楼的门票是一元钱，人们一个月的工资普遍仅有几十元。即便如此，市民仍如潮水般涌来参观，园方不得不请警察来维持秩序。据黄鹤楼公园管理处不完全统计，游客数量在开放当年就高达 267 万人次。在 1985 年仅半年的开放时间里，黄鹤楼的门票收入便达到了 280 万元。黄鹤楼重建所费 800 余万元资金，仅一年半的时间，就基本收回。

"天下江山第一楼"吸引着五湖四海的游客不远万里来到它的身旁，争相一睹它的雄伟身姿，体验传承千年的文化底蕴。改革开放以来，中外国家元首、政府官员、文化名人、演艺名家和大众游客纷纷登上了黄鹤楼。

图 9-8　远眺黄鹤楼

2007 年，黄鹤楼公园被国家旅游局评定为首批国家 5A 级景区，标志着黄鹤楼公园成为中国最高级别的旅游景区之一，这是对黄鹤楼的肯定，也是对黄鹤楼公园服务的肯定，标志着黄鹤楼进入了一个新的时代。

参考文献

一、古籍

[1]（西汉）司马迁撰:《史记》，北京：中华书局，1982 年。

[2]（西汉）刘安撰:《淮南子》，北京：中华书局，2014 年。

[3]（晋）陈寿撰;（宋）裴松之注:《三国志》，北京：中华书局，2006 年。

[4]（晋）葛洪撰:《西京杂记》，西安：三秦出版社，2006 年。

[5]（南朝宋）鲍照著；钱仲联增补集说校:《鲍参军集注》，上海：上海古籍出版社，1980 年。

[6]（南朝宋）刘义庆撰；沈海波译注:《世说新语》，北京：中华书局。2007 年。

[7]（梁）沈约撰:《宋书》，北京：中华书局，2003 年。

[8]（北魏）郦道元著；陈桥驿校证:《水经注校证》，北京：中华书局，2007 年。

[9]（梁）任昉撰:《述异记》，济南：齐鲁书社，1995 年。

[10]（梁）萧子显撰:《南齐书》，北京：中华书局，1972 年。

[11]（梁）萧统编;（唐）李善注:《文选》，北京：中华书局，1997 年。

[12]（隋）孔颖达等撰:《尚书》，北京：中华书局，1998 年。

[13]（唐）李百药撰:《北齐书》，北京：中华书局，2008 年。

[14]（唐）姚思廉撰:《梁书》，北京：中华书局，2003 年。

[15]（唐）李延寿撰:《南史》，北京：中华书局，2003 年。

[16](唐)顾况著；赵昌平校编:《顾况诗集》，南昌：江西人民出版社，1983 年。

[17]（唐）李吉甫撰:《元和郡县图志》，北京：中华书局，1983 年。

[18]（宋）乐史撰:《太平寰宇记》，北京：中华书局，2007 年。

[19]（宋）欧阳修、宋祁撰：《新唐书》，北京：中华书局，2003 年。
[20]（宋）贺铸著；王梦隐、张家顺校注：《庆湖遗老诗集校注》，开封：河南大学出版社，2008 年。
[21]（宋）苏轼著；（清）冯应榴辑注；黄任轲、朱怀春校点：《苏轼诗集合注》，上海：上海古籍出版社，2001 年。
[22]（宋）苏轼著；张志烈、马德富、周裕锴主编：《苏轼全集校注》，石家庄：河北人民出版社，2010 年。
[23]（宋）黄庭坚撰；刘尚荣校点：《黄庭坚诗集注》，北京：中华书局，2017 年。
[24]（宋）张栻撰；邓洪波校点：《张栻集》，长沙：岳麓书社，2017 年。
[25]（宋）陆游撰：《入蜀记》，北京：中华书局，1985 年。
[26]（宋）陆游著；钱仲聊、马亚中主编：《陆游全集校注》，杭州：浙江古籍出版社，2016 年。
[27]（宋）范成大撰；孔凡礼点校：《范成大笔记六种》，北京：中华书局，2003 年。
[28]（宋）范成大著；富寿荪标校：《范石湖集》，上海：上海古籍出版社，2006 年。
[29]（宋）辛弃疾著；邓广铭笺注：《稼轩词编年笺注》，上海：上海古籍出版社，2016 年。
[30]（宋）王象之撰：《舆地纪胜》，北京：中华书局，1992 年。
[31]（宋）姜夔著；陈书良笺注：《姜白石词笺注》，北京：中华书局，2016 年。
[32]（元）脱脱等撰：《宋史》，北京：中华书局，2004 年。
[33]（元）陈孚撰；（清）纪昀编：《陈刚中诗集》，北京：商务印书馆，1983 年。
[34]（明）宋濂撰：《元史》，北京：中华书局，2005 年。
[35]（元）陶宗仪撰：《南村辍耕录》，北京：中华书局，2004 年。
[36]（明）杨基撰；杨世明、杨隽校点：《眉庵集》，成都：巴蜀书社，2005 年。
[37]（明）高启著；（清）金檀辑注：《高青丘集》，上海：上海古籍出版社，2013 年。
[38]（明）李东阳撰；（清）纪昀编：《怀麓堂集》，上海：上海古籍出版社，1991 年。

[39]（明）薛刚纂修；（明）吴廷举续修：《嘉靖湖广图经志书》，北京：书目文献出版社，1991年。
[40]（明）王世贞辑：《列仙全传》，扬州：广陵书社，2009年。
[41]（明）朱国祯撰：《涌幢小品》，上海：上海古籍出版社，2012年。
[42]（明）孙承荣纂辑；王启兴等校注：《明刻黄鹤楼集校注》，武汉：湖北人民出版社，1992年。
[43]（明）顾祖禹：《读史方舆纪要》，北京：中华书局，2005年。
[44]（清）钱澄之：《田间诗集》，合肥：黄山书社，2014年。
[45]（清）张廷玉等撰：《明史》，北京：中华书局，1974年。
[46]（清）吴绮：《林蕙堂集》，台北：商务印书馆，1969年。
[47]（清）朱彝尊选编：《明诗综》，北京：中华书局，2007年。
[48]（清）吴任臣撰；徐敏霞、周莹点校：《十国春秋》，北京：中华书局，2017年。
[49]（清）厉鹗辑撰：《宋诗纪事》，上海：上海古籍出版社，2013年。
[50]（清）迈柱等监修；（清）夏力恕等编纂：《湖广通志》，台北：商务印书馆，1983年。
[51]（清）袁枚著；王英志编纂校点：《袁枚全集新编》，杭州：浙江古籍出版社，2015年。
[52]《清代诗文集汇编》编纂委员会编：《白华前稿》，上海：上海古籍出版社，2010年。
[53]（清）汪中著；田汉云点校：《新编汪中集》，扬州：广陵书社，2005年。
[54]（清）铁保辑；赵志辉校点补：《熙朝雅颂集》，沈阳：辽宁大学出版社，1992年。
[55]（清）陈元京主修；（清）范述之纂：《江夏县志》，清乾隆五十九年（1794）年刊刻本。
[56]（清）王庭桢修；（清）彭崧毓纂：《江夏县志》，清光绪七年（1881）重印本。
[57]（清）胡凤丹编纂；彭忠德点校：《黄鹄山志》，武汉：武汉出版社，2016年。
[58]赵尔巽等撰：《清史稿》，北京：中华书局，1977年。
[59]（清）黄遵宪著；钱仲联笺注：《人境庐诗草笺注》，上海：上海古籍出版社，2007年。

[60] 刘光第著；《刘光第集》编辑组编：《刘光第集》，北京：中华书局，1986 年。
[61] 王葆心：《续汉口丛谈》，武汉：益善书局，1933 年。
[62] 王葆心著；陈志平等点校：《再续汉口丛谈》，武汉：湖北教育出版社，2002 年。
[63] 文士员纂：《武昌要览》，武昌：亚新地学社，1925 年。
[64] 徐用仪编著：《五千年来中华民族爱国魂》，天津：大公报社出版部，1932 年。
[65] 中华书局编辑部点校：《全唐诗》，北京：中华书局，2013 年。
[66] 潘运告主编；桂第子译注：《宣和书谱》，长沙：湖南美术出版社，1999 年。
[67] 郑午昌：《中国画学全史》，沈阳：辽宁美术出版社，2018 年。

二、近人著作

[1] 柳无忌编：《柳亚子年谱》，北京：中国社会科学出版社，1983 年。
[2] 全湛然编著：《张居正的故事》，汕头：汕头大学出版社，1998 年。
[3] 张诚杰编选：《黄鹤楼诗词文联选集》，武汉：华中工学院出版社，1984 年。
[4] 周天六：《黄鹤楼的传说》，武汉：湖北人民出版社，1979 年。
[5] 马昌松主编：《黄鹤楼纵横谈》，武汉：武汉出版社，1993 年。
[6] 周勤编：《黄鹤楼诗集》，武汉：长江文艺出版社，1992 年。
[7] 冯天瑜主编：《黄鹤楼志》，武汉：武汉大学出版社，1999 年。
[8] 楼庆西：《中国古建筑二十讲》，北京：三联书店，2015 年。
[9] 臧克家主编；蔡清富、李捷副主编：《毛泽东诗词鉴赏》，石家庄：河北人民出版社，2012 年。
[10] 程建军：《燮理阴阳：中国传统建筑与周易哲学》，北京：中国电影出版社，2005 年。
[11] 于媛主编：《于右任诗词曲全集》，西安：世界图书出版西安公司，2006 年。
[12] 李孝悌编：《中国的城市生活》，北京：新星出版社，2006 年。
[13] 王其钧：《中国古建筑语言》，北京：机械工业出版社，2007 年。
[14] 王其钧编著：《中国建筑图解词典》，北京：机械工业出版社，2007 年。
[15] 吴焱金口述；钟逸整理：《四十三年望中犹记》，北京：中国文化传播出版社，2009 年。

三、期刊论文

[1] 范勤年:《黄鹤楼初考》,《武汉志通讯》1981 年第 1 期。
[2] 范植清:《黄鹤楼兴废考略》,《武汉春秋》1982 年第 5 期。
[3] 曾宪均:《黄鹤楼索源》,《湖北日报》1983 年 3 月 9 日。
[4] 曾宪均:《唐宋黄鹤楼初探》,《湖北日报》1983 年 3 月 17 日。
[5] 曾宪均:《元明时代的黄鹤楼》,《湖北日报》1983 年 3 月 22 日。
[6] 文德、小舟:《中国壁画的一枝奇葩——黄鹤楼重彩壁画简介》,《湖北社会科学》1989 年第 6 期。
[7] 杨长安:《黄鹤楼与黄鹤楼公园》,《武汉文史资料》1994 年第 4 期。
[8] 向欣然:《黄鹤楼重建工程》,《世界建筑导报》1995 年第 2 期。
[9] 力行:《兴兴毁毁黄鹤楼》,《中外建筑》1997 年第 4 期。
[10] 邵荣霞:《黄鹤楼文化的审美特质》,《长江论坛》1998 年第 2 期。
[11] 任宗全:《曾经沧桑黄鹤楼》,《中国道教》2001 年第 5 期。
[12] 董志嘉:《黄鹤楼赋》,《武汉文史资料》2002 年第 7 期。
[13] 武汉市档案馆:《黄鹤楼的变迁》,《湖北档案》2003 年第 1 期。
[14] 唐黎标:《千古江山独此楼——黄鹤楼清光绪年间火灾追记》,《浙江消防》2003 年第 8 期。
[15] 韩德柳:《传说中的黄鹤楼》,《武汉文史资料》2003 年第 12 期。
[16] 韩吉辰:《黄鹤的由来》,《百科知识》2005 年第 8 期。
[17] 欧阳娜:《名人与黄鹤楼》,《珠江水运》2005 年第 12 期。
[18] 李华:《清代黄鹤楼建筑考》,《武汉理工大学学报》(社会科学版)2006 年第 3 期。
[19] 李国文:《黄鹤楼诗话》,《文史天地》2006 年第 8 期。
[20] 王玉仁:《"黄鹤"意象解读》,《辽宁大学学报》(哲学社会科学版)2008 年第 2 期。
[21] 李明晨:《黄鹤楼探源》,《武汉文博》2010 年第 2 期。
[22] 梅莉:《军事哨楼游宴场所城市地标——黄鹤楼历史文化意蕴探寻》,《华中师范大学学报》(人文社会科学版)2014 年第 6 期。

后　记

始建于三国吴黄武二年（223）的黄鹤楼，位于历史文化名城武汉市武昌区的蛇山顶，它与湖南的岳阳楼和江西的滕王阁被誉为“江南三大名楼”。黄鹤楼历史悠久，文化底蕴深厚，很多人是通过黄鹤楼认识和了解武汉这座城市的。说黄鹤楼是武汉城市文化的传播使者，似乎并不为过。今天，黄鹤楼已成为武汉市的城市名片，它不仅是武汉人民的文化休闲公园，也吸引着众多来自世界各地的旅游者。

黄鹤楼是一座文化名楼，大家都熟悉米芾为黄鹤楼的题字“天下江山第一楼”。其实宋代黄鹤楼论高度不是最高的楼，论时间也不是最早的楼，“第一”是指黄鹤楼的文化影响最大。

黄鹤楼文化是在黄鹤楼的历史发展过程中形成和发展的。黄鹤楼最早是三国时期孙权在修建夏口城的时候修筑的一座军事望楼，到唐代以前，一直是军事禁地。黄鹤楼形势险要，战略地位突出，地理位置十分独特。它处于长江、汉水交汇处，北面与龟山相对，形成龟、蛇、鹤三种文化生灵的意象组合；它临江负险，高标卓立，是道教信徒心目中最易羽化升天之处。楼前长江沙洲上曾是天鹅栖息繁衍之地，清纯脱俗的天鹅很容易被想象成来往于天地间的乘驾工具。于是，黄鹤楼就被传说成仙人们往来天地的休憩场所和教徒们修炼之地；天鹅则被幻化成黄色的鹤，被仙人驯服，为他们作驾乘。

早在南朝时候，黄鹤楼上成仙的民间传说就出现在小说和史书里了。那时战乱频仍，政治黑暗，人民生活痛苦，这为佛、道二教的传播提供了肥沃的土壤。人们希冀超脱苦难的现实，把希望从今生移到来世，从地上转向天国，幻想超尘出世，羽化登仙，于是，“仙人乘鹤”的故事便应运而生了。与黄鹤楼有关的神仙不止一个，子安、费祎、吕洞宾等人物富有神仙气息的民间传说是黄鹤楼文化的重要组成部分。唐代时，黄鹤楼成为“游必于是，宴必于是”的旅游胜地，这种功能一直延续到今天。

黄鹤楼饱经沧桑，在历史上多次被毁掉，尤其是 1884 年“同治楼”烧毁后直到 1985 年今楼才建成，100 多年里黄鹤楼只有故址。可是，黄鹤楼文化始终没有间断过，这也正是黄鹤楼文化的魅力之所在。在近 1800 年的岁月里，数不清的名流大家登上了黄鹤楼，留下了大量的诗词文赋、楹联题字。这些诗词文赋和民间传说构成了黄鹤楼非物质文化的内容。黄鹤楼是黄鹤楼非物质文化的物质载体，黄鹤楼非物质文化是黄鹤楼的灵魂所在，二者不可分割。这也是黄鹤楼屡建屡毁、屡毁屡建的原因之所在。

黄鹤楼传说是古老的，又是鲜活的。它的天人合一、少贪寡欲、惩恶扬善的故事主题，平民化的叙事手法，神仙、人物、生灵和谐相处的画面，一波三折的情节发展以及时常意料不到的结局，不仅契合中国老百姓的审美心理，也得到了世界范围的认同。黄鹤楼传说是经典的，更是幸运的，鲁迅亲手整理过它，毛泽东有大量的诗词和书法作品是表现这一主题的，他还采撷传说中的两个重要元素“白云”“黄鹤”作为武汉的代称。

黄鹤楼的文化遗产在今天有着十分重要的价值和意义，这是我们了解与游览黄鹤楼应该加以注意的。具体说来，有以下几点：

第一，繁荣学术价值。黄鹤楼传说的产生与嬗变、故事结构、创作方法、内容诠释、语言风格、美学价值、社会功能、传播流布等，都值得被系统梳理和研究。著名学者冯天瑜先生认为：应当把黄鹤楼传说作为一种文化现象，对其进行深层次、全方位的研究。开展对黄鹤楼传说的系统研究，不仅能探求、坚固传说的学术根底，更好地保护和利用其资源，而且还能促进中国民间文学、历史学、方志学、民俗学等多学科的研究和发展。

第二，精神享受价值。在中国民间，自古崇尚仙道。黄鹤楼传说将神仙引入楼，为此楼披上神秘缥缈的色彩，文人名士纷纷将神仙黄鹤的传说编织进各种诗词文赋中去，迎合了中国历代各个阶层的审美情趣。黄鹤楼传说与名人名作互为依托，相得益彰。许多唐宋名家和历代民众用传说故事、诗词文赋将物质的黄鹤楼塑造成精神的“神仙楼”“功德楼”“智慧楼”“伦理楼”，成为“三楚胜地”的文化象征。在没有广播电视、数码网络传播广告信息的一千多年中，这些美好的传说与诗文通过南来北往游人的口耳相传，通过文献书籍的传抄传阅，让黄鹤楼享有“人间仙境”“天下绝景”“天下江山第一楼”等美称，也使之成了千古名楼，给历代人民群众带来了极大的精神享受。

第三，文化产业价值。黄鹤楼传说渗透到其他姊妹艺术领域，相继有了“历代诗词版”“元代壁画版”“元代杂剧版”“清代年画版”“清末相声版”“新中国交响音乐版”以及“苏联动画版”等作品出现。它最具潜在价值的是可为新兴的动漫艺术提供丰富的素材，为动漫创意文化产业注入新的活力。黄鹤楼传说呼唤“中国动漫版”尽早问世。

第四，文化交流价值。五十年前，黄鹤楼传说便走出国门。苏联的艺术家将《橘皮画鹤》的传说改编成动画片《黄鹤楼的故事》，风靡全苏联。改革开放以来，武汉市相继与日本、美国、法国、英国、罗马尼亚、苏丹、匈牙利、荷兰、韩国等国相应的城市结为友好城市，黄鹤楼传说以最亮丽的名片方式，展现了中国传统文化的无穷魅力。此外，每年六万人次以上的境外游客通过登黄鹤楼、了解传说，加深了对中国文化背景的认识和理解。

武汉市是古老的长江文化发祥地之一，蛇山是中国城市中少见的文化山体，有历史文化遗存近百处，现建有“黄鹤楼传说文化遗产小道”，武汉市正在努力打造这一历史文化名山。我们相信，在中央实施中华优秀传统文化传承发展工程以及保护长江生态文化精神的引领下，黄鹤楼的旅游开发一定能做到旅游发展与文化传承的双赢。随着旅游开发的不断深入，黄鹤楼的文化价值也会更加迷人。为此，我们撰写了《黄鹤楼沧桑》这本小书，希望为丰富黄鹤楼文化做点贡献。在撰写过程中，我们得到了武昌区政府与黄鹤楼公园管理处的大力支持，姜国辉、江煌、王勇为本书提供了大量珍贵的图片资料，责编胡新精心审读了书稿，提出了许多建设性的修改意见，帮助尤多，借此出版之际，谨对他们表示衷心的感谢！

姚伟钧　李明晨

2018年中秋于武汉